LE GROUPE AULT3C

Pourquoi fait-on ce que l'on fait ?

La Carte Cognitivo-Comportementale, 3C

Sophie Rault Jean-Pierre Lesault

Édition : BoD – Books on Demand,
12/14 rond-point des Champs-Élysées, 75008 Paris
Impression : BoD – Books on Demand, Norderstedt, Allemagne

ISBN : 978-2-3220-1667-9

Dépôt légal : juin 2019

Pourquoi fait-on ce que l'on fait ?

SOMMAIRE

Avant-propos

Nous sommes deux à avoir écrit ce livre. Il est le fruit de nos nombreuses discussions, de nos séances de coaching et des multiples échanges sur le sujet.

Nous avons voulu partager avec vous le résultat de ce « brainstorming », ce livre !

Chacun de nous a écrit des passages différents, enrichi le texte d'exemples suivant nos propres affinités, relu, commenté et repris les écrits de l'autre, à chaque fois pour l'améliorer ; chaque itération nous a permis d'aller un peu plus loin dans les explications et dans la clarté de cet ouvrage.

Ce livre est donc issu d'un travail de création en intelligence collective.

« Seul on est plus rapide, ensemble on va plus loin »

Proverbe Africain

Introduction

Pourquoi fait-on ce que l'on fait, et pourquoi dit-on ce que l'on dit ? Et de même, pourquoi se dit-on ce que l'on se dit ? Nous nous sommes tous, un jour, posés ces questions...

Qu'est-ce qui motive nos actions et nos réactions ? Comment trouvons-nous la motivation de faire ce qu'on a envie de faire ?

Pourquoi agissons-nous parfois en réaction, et parfois en « proaction » ?

Comment passons-nous d'un état de réaction à un état d'action ?

Quel est le dénominateur commun de tous nos comportements ?

Comment les contraintes de notre environnement vont-elles impacter nos comportements ?

Pourquoi nous trouvons-nous des prétextes et des alibis qui nous empêchent d'avancer ?

Que se passe-t-il quand nous ressassons toujours les mêmes pensées ? Et quand nous sommes malheureux ?

Toutes ces questions, et bien d'autres, tournent autour d'un point commun : nos comportements, ces actions que nous portons sur la réalité, la nôtre et celle d'autrui...

Ces gestes ont des répercussions sur nos vies ; nous subissons les conséquences de tous nos comportements, sans alternative ; mais nous avons le choix de les accepter, en tirer les leçons et évoluer ou nous pouvons nous en détourner et nous draper dans une mauvaise fierté faite de prétextes, de dénis ou même de fatalismes.

Nos envies et nos désirs nous inspirent pour faire, ne pas faire, et même au pire, laisser faire.

Quoiqu'il en soit, nos comportements sont toujours en interaction avec notre environnement, et notre environnement induit nos comportements.

Que l'on tire ou non des avantages de nos comportements, quelle que soit la complexité ou la simplicité de nos motivations, quelle que soit l'émotion dans laquelle nous nous trouvons, dans la joie, dans la colère, la peur, la tristesse, le dégoût, le mépris ou la surprise (les 7 émotions que nous ressentons, décrites par Paul Ekman), ou quelle que soit notre activité, manger, travailler, se distraire, ou même se soigner, penser, méditer, une question reste entière : mais pourquoi donc fait-on ce que l'on fait ?

Dans ce monde de questionnements, d'études des comportements, de recherches dans des domaines très variés (psychologie, neurosciences, sociologie...), avec les théories existantes, nous avons cherché à trouver une cohérence dans toutes nos connaissances.

Pour y voir plus clair, nous avons entrepris de créer une « compilation » de tout ce que nous savions, des résultats de nos sessions de coaching, et des outils que nous employons dans notre pratique.

Avec surprise et émerveillement, nous avons ainsi abouti, à une Carte Cognitivo-Comportementale, 3C.

Une carte sur laquelle est définie une compréhension cohérente de tous les comportements.

En suivant une démarche scientifique, nous avons cherché à réfuter 3C.

Nous nous sommes tournés vers les recherches récentes en neurosciences : bien que nous n'ayons pas d'IRM (Imagerie par Résonnance Magnétique) sous la main, nous avons cependant accès aux dernières observations dans ce domaine.

Les neuroscientifiques ont pu déterminer, souvent à l'aide d'IRMf (Imagerie par Résonnance Magnétique fonctionnelle), quelles zones du cerveau sont associées avec tel ou tel comportement, comment elles interagissent, comment elles se développent...

Nous avons pris les zones du cerveau comme « marqueurs » des comportements et nous avons fait appel à ces recherches pour comprendre la dynamique de 3C : les aspects de 3C que nous décrivons trouvent une correspondance avec des zones du cerveau bien précises, leurs interactions correspondent aux liens que nous décrivons.

Cependant 3C n'est pas une carte neurologique et nous ne rentrons pas dans ces explications que nous laissons aux spécialistes de ce domaine.

De la même façon, nous avons utilisé le DSM5 (5ème édition du Diagnostic and Statistical Manual of Mental Disorders) pour la symptomatique des troubles psychiques : nous nous sommes aperçus que chaque symptôme se décrit sur la carte comme une altération du modèle.

Au fur et à mesure des descriptions, nous indiquons les rapprochements faits et les références utilisées.

En fait, 3C est une carte au carrefour de la psychologie, de la neurologie et de la sociologie ; elle a été élaborée à partir de ces études.

Cependant 3C s'en démarque : alors que, par exemple, la psychologie traite le passé des personnes, et alors que les modèles humanistes (PNL, hypnothérapie...) offrent des thérapies « à pilule miracle », sans modifier les façons de faire, 3C permet d'élaborer de nouveaux comportements en suivant la vision d'un objectif à atteindre.

Si certains distribuent conseils, savoir-faire ou savoir être, 3C s'inscrit à l'opposé de ces démarches.

3C est un outil qui offre un socle sur lequel on peut développer un processus de réflexivité en vue d'un objectif défini.

3C donne une vue d'ensemble des dynamiques comportementales et répond à cette question fondamentale : pourquoi faisons-nous ce que nous faisons ?

Maintenant, nous allons parcourir ensemble les routes et les chemins de cette carte cognitivo-comportementale, chaque exemple cité tout au long du livre peut être suivi sur la carte.

La première partie « Les motivations de l'action » décrit nos besoins, nos envies et nos comportements. Elle permet d'établir les concepts utilisés.

La deuxième et troisième partie « la Sphère d'Influence » et « l'Individu » permettent de définir précisément les composantes mises en jeu.

La quatrième partie décrit « les Volontés », interface entre le conscient et l'inconscient. C'est le chapitre clé de cet ouvrage.

La cinquième partie « La dynamique » est la suite logique : l'explication du fonctionnement, des interactions, des liens...

Pourquoi fait-on ce que l'on fait ? Pouvons-nous faire autrement ? Qu'est qui nous retient et qu'est ce qui nous libère ? De quoi avons-nous besoin ? Comment aller chercher le meilleur de nous-même ? Suivons la carte !

Une nouvelle perspective s'ouvre à vous.... Êtes-vous prêt pour ce voyage ?

Allons-y !

Préambule

Au commencement…

Nous avons des besoins ; oui, bien sûr ! Mais lesquels ? Expliquons brièvement le concept de besoin avant de le détailler dans le chapitre qui leur est consacré un peu plus loin dans cet ouvrage.

Un besoin est une nécessité ressentie. Il est d'ordre physique ou mental.

Tout le monde, vous, nous… voulons satisfaire nos besoins et ceux-ci s'expriment par des ressentis de manque, ou des sensations d'un vide à combler : la faim exprime le besoin de manger, puis la satiété signale le besoin satisfait.

Les besoins recouvrent l'ensemble de tout ce qui nous apparaît « être nécessaire » ; ces nécessités sont inconscientes, nous n'avons pas à nous en préoccuper sauf quand elles nous font sentir leur existence.

Ce sont, soit des nécessités physiologiques, c'est-à-dire d'ordre physique, en rapport avec le fonctionnement du corps ; celles-ci doivent être satisfaites par, entre autres, « se nourrir ». Soit ce sont des nécessités psychologiques, c'est-à dire d'ordre psychique, qui concernent le mental, la pensée ; et nous expliquons plus loin comment celles-ci sont satisfaites par exemple par « la reconnaissance » de nos comportements.

De nombreuses classifications des besoins ont été proposées et sont encore utilisées à l'heure actuelle pour justifier, entre autres, certaines pratiques managériales.

Elles sont souvent présentées sous forme de listes hiérarchiques.

La pyramide de Maslow, par exemple, offre une classification organisée dans une hiérarchie entre les différents besoins ; pour Abraham Maslow les nécessités physiologiques passent avant les nécessités d'estime.

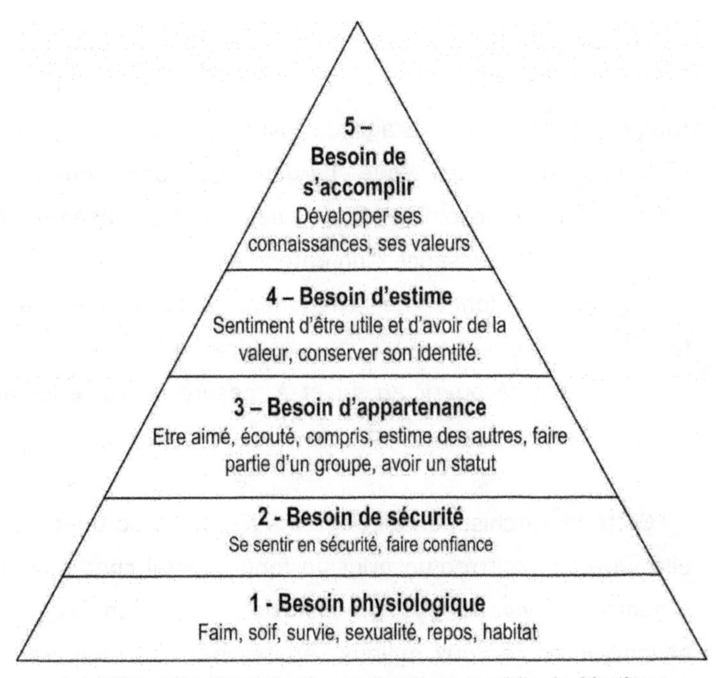

La hiérarchie des besoins selon la pyramide de Maslow

Sur cette pyramide, « se nourrir » doit être satisfait avant « se protéger ».

Cela voudrait-il dire qu'il faudrait d'abord être rassasié pour être capable de fuir devant une menace ? Bien sûr que non !

Nous pouvons très bien fuir le ventre vide, de même qu'un gréviste de la faim fait passer sa nécessité d'être estimé avant celle de se nourrir.

Le concept de hiérarchie n'a pas de sens quand il s'agit de combler les nécessités de l'individu ; par contre il prend tout son sens quand il s'agit de justifier, comme au sein de certaines entreprises, que l'argent est une source de satisfaction des besoins vitaux au détriment par exemple du besoin de reconnaissance ; on entend alors :

« Inutile de donner de la reconnaissance pour le travail fourni, la feuille de paye y suffit très bien ! »

Vous allez découvrir au fur et à mesure de votre lecture ce qui motive quelqu'un à dire ça !

Cette hiérarchisation des besoins n'est pas pertinente car elle va à l'encontre d'un principe fondamental chez tous les organismes vivants : l'homéostasie ; c'est un équilibre biologique entre deux milieux séparés par une membrane ; les deux milieux interagissent sur la membrane qui reste en équilibre.

On désigne par *homéostasie* la capacité globale d'un système à maintenir tout un ensemble de facteurs sans manque ni excès, en équilibre : par exemple la pression interne d'un milieu.

Dans ce livre, nous ne parlerons pas de hiérarchie et il n'existe que deux besoins : physiologique et psychologique, c'est-à dire du corps et du mental.

Ces deux besoins, pour être satisfaits, s'appuient sur ce que nous appelons les Volontés.

Les Volontés, un nouveau concept.

Les Volontés sont les motivations conscientes issues des besoins inconscients physiologique et psychologique. Elles font l'objet du plus important chapitre de ce livre et nous serons amenés à les étudier et à les expliquer. Grace à cette nouvelle approche vous comprendrez comment leur dynamique influence tous nos comportements.

Elles sont les moyens conscients sur lesquels les besoins s'appuient pour être satisfaits ; c'est comme une membrane ou un rideau : d'un côté du rideau vous avez vos besoins inconscients et de l'autre côté il y a vous. Quand le besoin s'exprime, il fait bouger le rideau et vous agissez en fonction des mouvements de celui-ci.

Quand le besoin physiologique ou psychologique est en manque, la Volonté est la réponse à la question « je manque de quoi maintenant ? » et elle offre les motivations comportementales nécessaires pour combler ce manque : *par exemple, le manque de nourriture va entraîner la Volonté de se nourrir.*

Le besoin est une nécessité en cela que, s'il n'est pas satisfait, il bloque le processus de vie (besoin physiologique) ou son équilibre (besoin psychologique).

Quand le besoin est en manque, une envie émerge à la conscience ; les envies peuvent être « contrôlées » ; elles s'expriment et se définissent, mais nous le verrons ensemble, leur origine est inconsciente ; en d'autres termes j'ai envie de manger parce que je sens que j'ai faim.

Nous verrons plus loin comment ces envies contribuent à élaborer de nouveaux comportements. Ceux-ci servent à combler le besoin en manque.

La satisfaction des besoins d'une personne dépend des choix qu'elle fait.

D'autre part, nous agissons en général par habitude : ainsi, 45% de nos actes sont des habitudes au service de nos besoins.

Que se passe-t-il quand les habitudes ne suffisent plus, sommes-nous poussés à nous comporter différemment ?

Quand nous entreprenons de nouvelles choses, nous n'en maîtrisons pas tous les aspects.

C'est normal parce que c'est nouveau !

C'est le saut dans l'inconnu, ce trou sombre au fond duquel se tapit la peur ! De la peur naît le doute, l'incertitude et l'échec : ce sont toutes nos excuses pour ne pas faire ce que nous voulons faire, nous nous croyons alors incompétents.

Cette peur ne serait-elle pas qu'un épouvantail remuant au vent de nos croyances, ce « saboteur » qui nous a été inculqué et que nous avons chéri pendant des années ?

Encore une chose…

3C est simple, les nombreux commentaires que nous avons reçu la qualifie de « décevante de simplicité ».

Il n'est certainement pas aisé de penser que l'infinité de nos comportements soit issue d'un modèle simple.

Pourtant de nombreux exemples nous montrent que la complexité est issue d'un nombre limité d'éléments : 7 notes pour toutes les musiques du monde, quatre bases AT et GC pour l'ADN et toute la complexité du vivant et nos comportements avec 3C suivent cette même logique.

3C est une clé pour comprendre, anticiper et finalement répondre à la question « pourquoi fait-on ce que l'on fait ? ».

Vous avez l'impression que vous êtes dans le siège conducteur de votre vie mais en fait, vous en êtes le passager, vous subissez les obstacles qui se dressent sur la route et vous ne pouvez rien faire pour les éviter.

Mais, est-ce vraiment votre route ? Est-ce là où vous voudriez être ? Avez-vous envie d'être ailleurs ?

Si vous n'êtes pas le héros de l'histoire dans laquelle vous êtes, vous êtes dans l'histoire de quelqu'un d'autre.

3C vous donne les commandes, le volant, l'accélérateur et le frein pour que vous puissiez enfin être libre d'aller où vous voulez sur la route de votre vie.

Voilà ce qu'est tout simplement cette carte !

Maintenant, allons ensemble cheminer sur les routes de 3C !

Préambule

Les motivations de l'action

Les besoins

Moi, j'ai des besoins !

Un besoin s'exprime à travers une sensation de manque ou d'inconfort, de privation ou d'insatisfaction, qui nous pousse à accomplir des actes perçus comme nécessaires, voire indispensables.

Le but de ces actes est de faire disparaître cette sensation de manque, et de satisfaire le besoin.

Les besoins recouvrent l'ensemble de tout ce qui apparaît « être nécessaire » à l'existence d'une personne, de façon consciente ou non. Ils sont les mêmes pour tout le monde.

Lorsque nos besoins sont insatisfaits, nous ressentons une sensation de manque, d'inconfort ou de privation, comme nous venons de le voir, et celle-ci est accompagnée par l'apparition de l'envie de faire disparaitre ce déséquilibre par un ou plusieurs comportements pour amener un mieux-être.

Nous avons des besoins de nature physiologique et psychologique.

La dynamique des besoins

Les travaux de Jean Illsley Clark et Connie Dawson ont montré – allant à l'encontre de la hiérarchie des besoins de Maslow – que l'envie de satisfaire un besoin « d'estime » est si forte pour l'individu, qu'elle le pousse à négliger d'autres besoins vitaux, alors que ceux-ci devraient être, selon la hiérarchie, satisfaits en priorité :

L'artiste peut être totalement absorbé par son œuvre et « oublier » de manger ou de se reposer, de même le scientifique sera absorbé par ses recherches.

Ou aussi les protestataires politiques font une grève de la faim pour être reconnus.

Ainsi, le concept de hiérarchie ne peut pas s'appliquer au fonctionnement de l'être humain.

Il n'y a pas de hiérarchie entre les poumons, les intestins et même le cerveau : nous aurions tendance à penser que le cerveau passe en premier, mais si vos intestins ou votre foie ne fonctionne pas, il ne restera pas longtemps à exercer ses fonctions !

L'équilibre est le concept qui régit le corps et l'esprit, comme une cellule est en équilibre osmotique avec son milieu.

Les besoins suivent eux aussi ce concept d'équilibre.

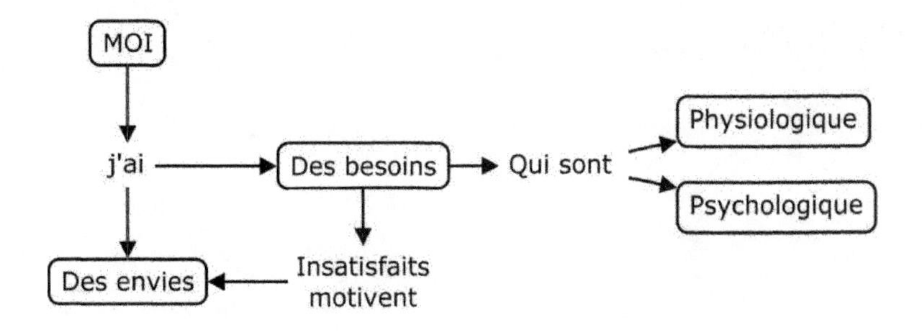

Les envies

Moi, j'ai des envies...

L'envie est motivée par l'insatisfaction d'un besoin ; j'ai un besoin physiologique : *il faut que je mange, j'ai envie d'un plat particulier.*

Les envies sont donc au service de nos besoins puisqu'elles sont l'expression du moyen de les satisfaire.

L'individu subit son besoin, tandis qu'il exprime son envie, son projet, sa vocation.

Nous sommes tous différents et nous avons donc des goûts différents et donc des envies différentes bien que cependant elles soient issues du même besoin à satisfaire.

Propriétés de l'envie

- L'envie structure les comportements à adopter pour satisfaire le besoin d'où elle est issue. *« Je veux me nourrir mais j'ai envie de cassoulet »,* je vais donc structurer des actions pour avoir du cassoulet : trouver un traiteur, acheter les ingrédients, chercher la recette...
- Une envie peut se temporiser : *« j'ai envie de cassoulet »* mais si je n'en trouve pas, je peux attendre demain pour en acheter ou en faire.
- Les envies sont au service des besoins : *« j'ai envie de manger »* ; en fait j'ai faim et je veux me nourrir, j'ai envie d'un cassoulet, c'est une nécessité qui se fait sentir au travers de signaux physiologiques (mon ventre se crispe par exemple).
- J'ai envie d'un plat particulier ; quand le besoin est satisfait, l'envie particulière du plat disparait.
- Strictement parlant, un besoin est quelque chose d'essentiel pour notre survie tandis qu'une envie est quelque chose qui nous procure du plaisir, qui nous apporte une satisfaction ou qui nous empêche une douleur - un bon repas, une jolie maison, une alarme antivol, un comprimé d'aspirine...
- Le nombre de nos envies est illimité : il y a autant d'envies que de goûts différents.

- L'envie nous différencie les uns des autres parce qu'on a les mêmes besoins à satisfaire, mais il y a autant d'envies que d'individus.

Il ne faut pas confondre l'envie avec le désir car celui-ci limite et structure une envie : « *je veux pouvoir me déplacer, j'ai envie d'une voiture et je désire qu'elle soit rouge*. » Dans ce cas, le désir qu'elle soit rouge est une condition restrictive optionnelle sur l'envie d'une voiture.

Quand le désir devient trop important, il se substitue à l'envie en invoquant par stratagème la nécessité d'un besoin :

- Dès qu'une envie s'exprime comme étant un besoin, elle est en fait issue d'un désir, sans lien avec un réel besoin : « *je veux cette paire de chaussures, j'en ai besoin !* », l'envie de cette paire de chaussures en particulier n'est issue d'aucun besoin.
- Un désir obstiné n'est pas l'expression d'un besoin, c'est un caprice.
- Le désir se trouve au milieu du triangle sexe-argent-pouvoir.

Citons l'extrait d'une publicité, tristement célèbre, pour une marque de voiture allemande :

« *Il a l'argent, il a le pouvoir, il a la voiture, il aura la femme* ».

Tous les ingrédients du désir sont réunis dans cette publicité !

Les motivations de l'action

La Sphère d'Influence

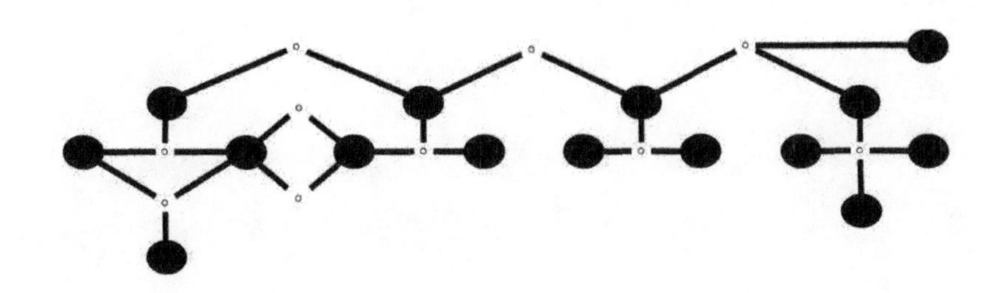

Qu'est-ce que c'est ?

La Sphère d'Influence

La réalité de tout être humain est divisée en quatre aspects : l'environnement, les comportements, les capacités et les croyances.

L'environnement est la réalité spatio-temporelle extérieure dans laquelle un individu évolue et dont il peut utiliser ou affecter directement les aspects.

Mais il y a aussi une réalité intérieure faite de nos capacités et de nos croyances ; ces deux réalités, interne et externe, interagissent par l'intermédiaire de nos comportements.

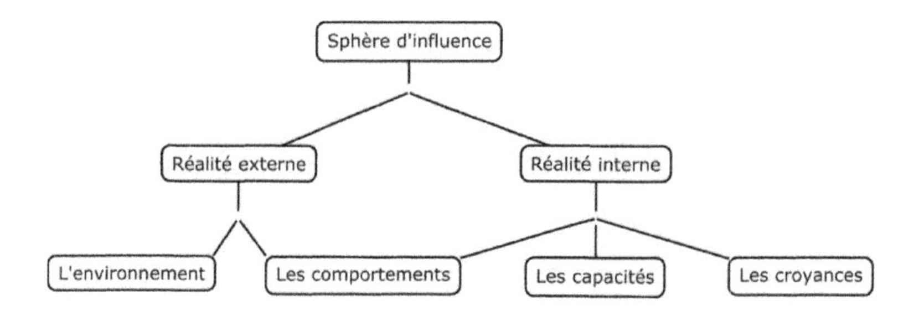

Nous influençons notre Sphère d'Influence par nos comportements et cette Sphère nous influence ; d'où le terme que nous employons pour caractériser la réalité : la Sphère d'Influence.

L'environnement

Notre réalité spatio-temporelle

L'environnement est la réalité dans laquelle l'individu se trouve ; c'est tout ce qui l'entoure : l'espace-temps, les objets, les personnes, statiques ou en mouvement ; tout notre environnement est constamment en interaction totale avec nous.

Il est composé de tout ce qui est perceptible au travers de notre système sensoriel : la lumière est perçue par nos yeux, la vibration de l'air par nos oreilles, notre peau ressent les textures et la température...

Notre environnement nous permet un repérage spatio-temporel et notre influence sur lui est limitée par la portée de nos comportements :

« Nous avons rendez-vous dans tel endroit, avec telle personne, tel jour, à telle heure »

L'individu appréhende son environnement et en tire les moyens de satisfaire ses besoins physiologique et psychologique.

Les évènements que nous vivons, dont nous sommes les témoins, ainsi que les personnes (l'entourage) avec leurs propres comportements font aussi partie de notre environnement.

Celui-ci est une source de satisfaction des besoins, mais il offre à la fois des opportunités et des contraintes : les opportunités sont les moyens qu'offre l'environnement pour satisfaire les besoins physiologique et psychologique, alors que les contraintes sont un frein à cette satisfaction.

Les opportunités

Ce sont des circonstances qui viennent à propos et qui nous conviennent, des occasions favorables ou des aubaines.

L'individu cherche un environnement où il aura des opportunités : il modèle et explore son environnement pour savoir où se trouvent les sources de nourriture et pour avoir un lieu protégé pour se reposer.

Dès qu'on arrive dans un nouvel endroit, on se met à la recherche d'un lieu d'habitation : la découverte des commodités associées à ce lieu, comme l'épicerie, la banque, la poste, etc. se fait par l'exploration du voisinage (la recherche d'opportunités dans l'environnement)

Si les personnes qui m'entourent sont sympathiques, ou bien si à côté de chez moi je peux faire mon sport favori, mon environnement est stimulant, il est alors perçu comme une source d'opportunités.

Les contraintes

Les contraintes sont les circonstances environnementales (situations ou personnes) qui font obstacle à la satisfaction du besoin physiologique ou psychologique.

Tout environnement possède des contraintes.

Quand une personne se trouve en situation de contrainte, elle va ressentir une ou plusieurs émotions, comme la colère, la tristesse, le dégoût… qui déclenchent une préparation du corps pour un comportement réactif.

Quand une personne est en réaction, prise par ses émotions, elle devient imperméable à toutes stimulations extérieures :

Essayez de faire entendre raison à une personne au climax de sa colère, bonne chance ! Vous avez beau vous époumoner à essayer de vous faire entendre, la personne ne vous entend pas, ne vous comprend pas… dès que la colère est passée, le dialogue peut revenir.

Cette réaction est une réponse consécutive à la contrainte environnementale.

Nous nous trouvons dans une boucle auto entretenue contrainte/réaction : la réaction peut aussi renforcer la contrainte, il y a une amplification de l'émotion qui va générer une réaction encore plus forte… etc. C'est comme ça que l'on passe de l'agacement à la colère, de la colère à la rage : on grimpe dans l'échelle émotionnelle.

Quand une personne se trouve prise dans cette boucle émotions/réactions, il est très difficile pour elle d'en sortir, cela l'empêche de faire autre chose, d'agir en proaction et d'élaborer de nouveaux comportements ;

Chacun a déjà expérimenté « le petit vélo dans la tête », les idées noires qui succèdent à une émotion et vice-versa ! Si je suis en colère (à cause d'une nouvelle contrainte dans mon travail par exemple, de nouveaux horaires...), je vais ressasser dans ma tête que mon chef n'a aucune considération pour ma vie, et être de plus en plus en colère ; je vais certainement réagir et la rencontre ne sera pas très facile !

Il est possible, pour ne pas réagir, d'attendre que la colère passe et de remettre à un peu plus tard, au calme, la réflexion sur la suite à donner.

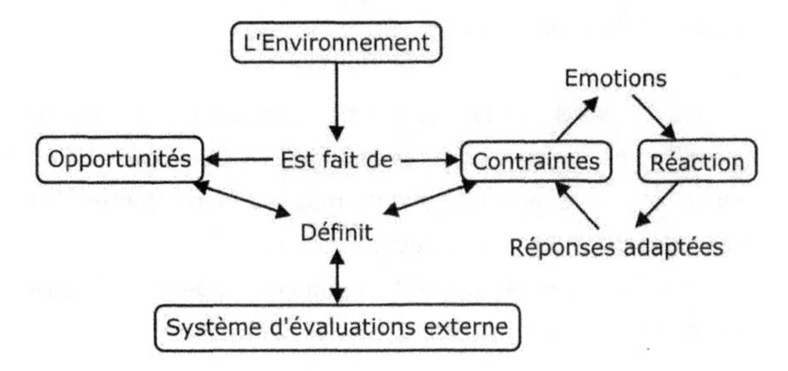

Évidemment la solution la plus radicale pour se débarrasser des contraintes est de les éliminer en changeant d'environnement.

C'est l'évaluation de l'environnement comme une contrainte qui va déclencher l'émotion.

Le Système d'Évaluation Externe

Comment savons-nous que certains aspects de notre environnement sont bons ou mauvais pour nous ? Comment évaluons-nous tout ce qui nous entoure ?

Notre cerveau possède un système pour jauger notre réalité, nous l'appelons : Système d'Évaluation Externe ou S.E.E ; il évalue constamment notre environnement : il fait la distinction entre ce qui est bon et ce qui est mauvais, les opportunités et les contraintes.

Nous avons tous une mémoire, celle-ci stocke (engramme) ce que nous avons fait, ce que nous avons pensé et ce que nous avons ressenti dans toutes les situations que nous avons vécues.

Le S.E.E s'appuie sur cette mémoire, appelée mémoire autobiographique.

Ainsi il peut évaluer l'environnement comme une opportunité ou comme une contrainte, suivant les expériences passées.

Est-ce qu'un garage est une contrainte ou une opportunité pour monter une société informatique ? Certains y auraient vu une contrainte et n'y auraient rien fait, d'autres, Steve Jobs, Steve Wozniak et Ronald Wayne y ont vu une opportunité et c'est dans un garage qu'ils ont monté Apple !

Si l'environnement d'un individu est fait principalement de contraintes, son Système d'Évaluation Externe (S.E.E) y deviendra plus sensible. La personne aura plus de difficultés à repérer les occasions qui lui seront favorables et les opportunités présentes.

Ce qui explique pourquoi certaines personnes voient des opportunités dans leur environnement alors que d'autres y sont aveugles ou n'y voient que des contraintes.

Si je suis entouré de personnes peu intéressantes, avec un travail fatigant dans une ville qui ne me plait pas, mon environnement est fait majoritairement de contraintes.

S'il se trouve que j'ai la possibilité de changer de poste ou de travail, il est très probable que, habitué aux contraintes et habitué à les subir, je ne vois pas l'opportunité que cela représente.

D'autre part, il nous arrive malheureusement, lorsqu'on subit une contrainte, de réagir de façon irrationnelle et on va justifier cette réaction en se trouvant un prétexte, un alibi « moi, je suis comme-ci, comme ça... » ou bien « toi aussi tu fais comme ça... », et ainsi on ne cherche pas à sortir de la contrainte, on y reste et on s'y adapte.

Laissons maintenant la description de notre environnement et abordons notre façon de l'appréhender : nos comportements.

Les comportements

Nos actions

Les comportements sont les actions que l'individu porte dans sa Sphère d'Influence. En fait, à chaque instant nous choisissons quelles actions nous voulons effectuer.

Aller à droite ou à gauche sont deux comportements qui existent comme des actions potentielles dans notre Sphère d'Influence ; parce que nous prenons la décision d'aller à droite ou à gauche, nous réalisons l'un des deux comportements mais pas les deux à la fois.

Nous avons le potentiel de réaliser une infinité de comportements dans notre Sphère d'Influence.

Nos comportements agissent sur l'environnement, ils soulèvent la première question de 3C : "Comment agir ?"

L'individu n'est pas statique, il se met en mouvement par l'intermédiaire de sa physiologie.

Il est en interaction avec l'environnement dans lequel il évolue.

Il agit consciemment et récolte les conséquences de ses actes :

Je lâche une feuille, elle tombe.

Nos comportements sont optimisés en fonction du niveau des contraintes : nous sommes efficaces afin de limiter, voire supprimer les conséquences des contraintes :

On n'a pas la même efficacité quand on décharge une voiture sous la pluie ou par beau temps, la contrainte n'est pas la même.

Il y a trois façons de se comporter :

- En réaction
- En routine ou en U.C.A (Unité Comportementale d'Action)
- En proaction ou initiative

En réaction

L'individu se comporte en réaction lorsque le S.E.E définit que l'environnement est une contrainte.

L'émotion prépare le corps à ce comportement réactif, comme cela est décrit au chapitre précédent.

Mais les réactions peuvent aussi être inconsciemment induites directement sans passer par le S.E.E pour une réponse plus rapide :

Par exemple, instinctivement nous avons peur des serpents, des rats ou des araignées, leur vue provoque immédiatement une réaction involontaire de fuite-combat, sans passer par une évaluation du S.E.E. ; cette réaction est une "réponse adaptée" à la contrainte et dans ce cas l'émotion se manifeste seulement après la réaction.

Une réaction à l'extrême est l'état de sidération : un traumatisme psychique est un évènement qui, de par sa violence et sa soudaineté, entraîne un afflux d'excitation et met en échec les mécanismes de défense habituellement efficaces ; il entraîne à plus ou moins long terme une désorganisation psychique ; celle-ci agit comme un arrêt du temps qui fige la personne dans une blessure psychologique traumatique, au point que les émotions semblent pratiquement absentes :

C'est le chat qui est pris devant les phares de la voiture, ou la chèvre qui tombe raide parce qu'elle a trop peur.

C'est une profonde stupeur vécue lors d'une violence subie ; elle entraine une dissociation mentale qui empêche toute compréhension, réflexion, action et cause un trouble de stress post-traumatique. Une frayeur due à une intimidation provoque le même état de sidération, dans une moindre mesure.

En routines ou en U.C.A.

L'U.C.A est un acronyme pour Unité Comportementale d'Action.

Une routine est une série d'actions unitaires ou U.C.A répétées dans le temps ; comme si l'on suivait un programme constitué de comportements unitaires qui n'ont de sens que parce qu'ils sont inscrits et exécutés dans une série plus vaste.

Un petit déjeuner fait partie de la routine du matin destinée à commencer la journée.

Les routines

L'individu se comporte majoritairement en utilisant des routines ; des études ont montré que nous passons environ 45% de notre vie dans des comportements routiniers.

Combien de temps consacrez-vous à votre routine matinale ? À faire les mêmes actions ?

La routine désigne une séquence de comportements répétés, ou habitudes, qui peuvent être exécutés dans une durée de temps définie.

L'avantage de ces comportements habituels est qu'ils n'impliquent plus les compétences de l'individu pour être effectués.

Des études ont montré que le cerveau consomme peu d'énergie avec des comportements routiniers :

En général, nous mangeons, dormons, travaillons, etc... à heures fixes, nous allumons la télé machinalement et nous agissons par habitude.

Les habitudes :

- Permettent d'économiser des ressources cérébrales.
- S'installent naturellement au fil de l'exploration de l'environnement physique et social.

Dès le plus jeune âge, nous testons différents comportements pour répondre à tel ou tel besoin.

S'ils paraissent bénéfiques et d'un coût raisonnable, nous les adoptons, nous nous créons ainsi des routines.

Elles sont réalisées de façon « machinale » sans qu'aucune capacité ne soit mise en jeu.

Quand vous vous brossez les dents, planifiez-vous et contrôlez-vous soigneusement chaque petit geste ? Non.

Et quand vous prenez le chemin du travail, vous arrêtez-vous à chaque embranchement pour réfléchir à la direction ? C'est peu probable.

Lors d'un comportement routinier, nous effectuons d'innombrables mouvements et petits ajustements sans y penser, car le cerveau enclenche un mode automatique qui lui évite de se concentrer sur le moindre détail et donc de mettre en jeu nos compétences. Nous sommes les experts de nos habitudes.

Nous pouvons en conclure que les routines sont une série de comportements habituels effectués avec une expérience, une connaissance ou un savoir intégré (acquis par l'apprentissage ou par l'expérience), nécessaires à l'efficacité du comportement ; nous utilisons nos compétences spécifiques quand nous voulons faire autre chose.

Il est intéressant de constater que tous nos comportements sont qualifiés de routiniers en fonction de l'unité d'échelle de temps ou granularité temporelle sur laquelle ces comportements s'inscrivent.

Une routine matinale s'étale sur un nombre d'heures, les actions de cette même routine se mesurent en minutes, toutes ces routines s'effectuent selon une échelle de temps,

« une granularité », différente ; il y a des personnes dont la routine dure 24 heures.

Dès qu'une action est répétée et exécutée avec régularité dans une durée définie, elle peut être qualifiée de routinière.

Le mot « routine » n'a pas de connotation péjorative ou négative contrairement, par exemple, à l'idée qu'un travail routinier serait ennuyeux comme l'indique la définition française du mot ; nous avons pris la définition anglo-saxonne de ce terme : comme nous l'avons expliqué, instaurer une certaine routine le matin par exemple, nous permet d'être plus efficaces.

Nous conduisons de façon routinière et sans ces routines cela serait impossible ! Nous pouvons coordonner nos deux pieds, en même temps que nous coordonnons nos deux mains et notre regard ; nous ne pensons pas, à chaque fois que nous débrayons, à comment nous allons le faire, nous ne pourrions pas tout faire à la fois avec la même efficacité.

Unité Comportementale d'Action

L'unité Comportementale d'Action, U.C.A, est l'unité minimale du comportement.

Elle est composée d'un ou plusieurs comportements liés entre eux :

Dans notre exemple, changer de vitesse - débrayer, bouger le levier, embrayer - sont une séquence d'U.C.A.

Une routine est la somme de plusieurs U.C.A ; l'U.C.A ne se répète pas obligatoirement dans le temps.

Ma routine du matin est composée de mon levé, mon verre d'eau chaude, ma douche, mes exercices de yoga et ma méditation, puis de mon petit-déjeuner ; toutes ces U.C.A forment ma routine du matin.

De façon générale, la routine comme l'U.C.A est au service de la satisfaction des besoins physiologique et psychologique. Ce service se doit d'être efficace pour notre bien-être.

Si cette efficacité diminue, les besoins sont insatisfaits, et créent comme nous le savons, une envie.

Une actualisation de la routine devient alors nécessaire pour retrouver la satisfaction.

Il n'y a qu'un seul moyen pour actualiser une routine existante : adopter et répéter de nouveaux comportements.

Pour conduire ma voiture, si je rajoute un limiteur de vitesse, l'action qui consiste à le déclencher est un nouveau comportement, une U.C.A, qui va actualiser ma routine de conduite.

Nous remarquons que les nouveaux comportements sont des U.C.A :

Je prenais pour mon petit-déjeuner des tartines de pain-beurre-confiture, c'était une U.C.A de ma routine du matin ; j'ai pris huit jours de vacances en Espagne où j'ai déjeuné avec du pain-tomate-huile d'olive et des fruits ; j'ai trouvé que c'était meilleur pour moi et donc au retour j'ai adopté ce déjeuner : j'ai changé mon U.C.A. ; J'ai évalué que le pain-tomate-huile d'olive me convenait mieux que pain-beurre-confiture.

L'efficacité de chaque routine effectuée est évaluée par le S.E.E. décrit dans le chapitre sur l'environnement, dans le but de satisfaire nos besoins.

C'est le S.E.E qui détermine l'efficacité des routines à satisfaire les besoins.

Les initiatives ou proactions

Ce sont des U.C.A inédites exécutées par anticipation et dont le résultat est incertain.

Ces initiatives sont réalisées en prévision des conséquences d'une situation ou d'un état à venir.

Il y a une certaine détermination à réaliser une initiative car elle n'est pas obligatoire à faire maintenant mais le deviendra certainement plus tard.

Il existe au sein de ces initiatives des notions de risque et d'expérimentation.

Quand leurs conséquences sont positives, elles stimulent et motivent la répétition des nouveaux comportements ; ceux-ci sont les seuls nécessaires à l'actualisation des routines.

Par contre, si les résultats sont négatifs, l'expérience s'en trouve tout de même enrichie et elle affine le savoir-faire et la connaissance.

« Je ne perds jamais, soit je gagne, soit j'apprends. »
Nelson Mandela

Les nouveaux comportements

Quand une envie survient, que se passe-t-il ? Puisque c'est un besoin qui motive cette envie, elle est donc spécifique.

Quand j'ai faim, je n'ai pas envie de dormir, j'ai envie de manger !

Cette envie entraine la personne dans une rapide cogitation qui planifie les différents comportements.

Si les désirs, eux aussi peuvent élaborer de nouveaux comportements, ils ne peuvent à eux seuls satisfaire nos besoins car ils ne sont que des conditions limitantes de l'envie.

La personne en explorant son environnement fait une mise à jour des actions à faire pour réaliser cette envie.

Partons du fait que c'est « jouable », il y a tout ce qu'il faut à portée de main, la personne possède le savoir-faire car elle a déjà expérimenté cette situation dans le passé, et la liste des actions à réaliser est suffisante pour entrer dans un créneau temporel acceptable.

Tout va bien, l'envie peut être satisfaite facilement. Il n'y a pas beaucoup d'efforts à fournir.

Maintenant, supposons que cela soit un peu plus compliqué : il n'y a pas tout à disposition, le savoir-faire est partiel et la liste des tâches à accomplir ne cesse de s'allonger. Que faire dans ce cas ?

On peut soit :

- Temporiser la satisfaction de cette envie ; cependant nous n'en avons pas toujours la possibilité, surtout quand il s'agit par exemple de se nourrir.
- Changer d'envie pour une autre plus facile à réaliser.

- Décider de déployer beaucoup d'efforts pour satisfaire cette envie.
- Laisser tomber quand il est possible de se déclarer incompétent.

Ou entreprendre quelque chose de risqué, sans expérience ni savoir-faire, avec une part d'inconnu assez effrayante : faire quelque chose qu'on n'a jamais fait auparavant !

C'est-à dire agir avec des nouveaux comportements.

« La folie est de toujours se comporter de la même manière et de s'attendre à un résultat différent. »
Albert Einstein

L'avantage des nouveaux comportements, c'est que les conséquences seront inhabituelles ! Par contre, on ne peut pas prévoir à l'avance si elles seront bonnes ou mauvaises.

Les habitudes sont rassurantes, elles le sont tellement que tout ce qui sort de l'ordinaire en devient effrayant !

Les nouveaux comportements ou variations comportementales, nous permettent de nous adapter aux changements et d'affronter les situations toujours différentes auxquelles nous sommes confrontés.

Les variations comportementales sont un facteur essentiel d'évolution d'un individu et nous verrons plus loin comment elles sont élaborées, et comment les progrès motivent leurs répétitions.

Les progrès

Nous avons toujours le choix de ne pas subir la contrainte, de ne pas réagir mais de nous mettre en action tout simplement (ou « proaction ») et une autre issue est alors possible, d'autres comportements en découlent :

Reprenons l'exemple pris pour expliquer la réaction à la contrainte d'un changement d'horaires imposé par la direction : au lieu de partir dans l'émotion et les ruminations négatives, puis en réaction, la personne peut aussi prendre une initiative : par exemple, une réunion préalable de concertation avec d'autres salariés ou un rendez-vous chez le responsable pour une négociation, plutôt que de subir la contrainte.

Le S.E.E. acquiert une nouvelle expérience à partir de ces nouveaux comportements, puisqu'ils n'ont jamais été exécutés auparavant ; cela soulève une question primordiale :

« Est-ce que je fais bien ou est-ce que je fais mal ? »

De plus si j'utilise les ressources qui sont à ma disposition pour agir, je vais constater des conséquences positives ou négatives issues de mes actions ; je vais progresser en efficacité et en expérience.

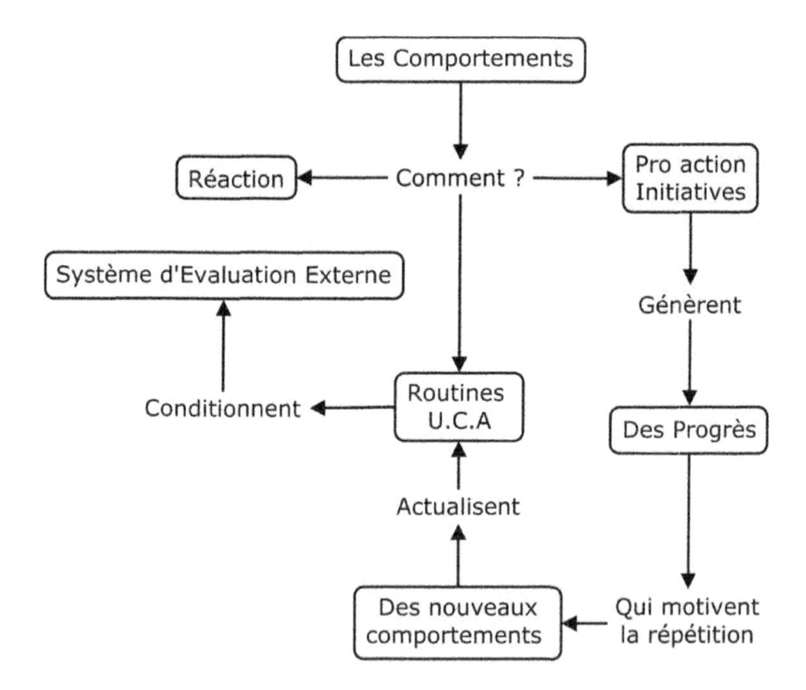

Ces progrès vont simplement m'inciter à continuer dans ce que je fais, ils encouragent les répétitions des nouveaux comportements, jusqu'à ce que la routine soit mise à jour et redevienne efficace pour satisfaire mes besoins.

Ce ne sont qu'avec les progrès que l'initiative devient un comportement habituel.

Nous venons de voir que les initiatives associées aux ressources disponibles génèrent des progrès et des nouveaux comportements : mais alors, pourquoi je n'arrive pas à démarrer, ou au contraire à m'arrêter ?

Le « saboteur »

Pourquoi je n'y arrive pas ?

Qui ne s'est jamais dit « je ne suis pas capable », « c'est toujours comme ça » ou bien « il faut bien mourir de quelque chose » ? Que se passe-t-il dans ces cas-là ? D'où cela vient-il ?

Le "saboteur" est la première structure que les parents et/ou des personnes proches fournissent à l'enfant quand il est petit, avant 7 ans.

Nous emploierons cette dénomination de « saboteur » car elle est significatrice de l'action de ces messages ou cognitions dysfonctionnelles qui sont le sabotage des nouveaux comportements et de la personne en général.

Cette structure est mise en place par les personnes de confiance avec qui l'enfant a grandi, quand il était en situation de "pleine dépendance" pour la satisfaction de ses besoins.

Le « saboteur » est une construction composée de prescriptions et d'injonctions.

- Les prescriptions sont des ordres qu'on se donne à soi-même sous la forme « Sois...! »
- Les injonctions sont aussi des ordres, mais donnés sous la forme « Ne sois pas...! »

« Tu es fort, tu ne pleures pas ! », l'enfant comprend qu'il doit être fort, sans compréhension du contexte et donc sans discernement.

Il gardera comme message *« sois fort !»*, dans toutes les circonstances : il fera de la compétition et ira au bout de ses forces dans un sport, ou il travaillera plus qu'il ne peut, parfois jusqu'au burn-out, ou bien encore il supportera des contraintes plus que de raison...

De même « fais-moi plaisir, mange ta soupe » deviendra un « sois gentil ! » et « on est toujours en train de t'attendre » sera un « dépêches toi ! » etc....

Cette structure primale dicte les comportements que le petit enfant doit adopter pour satisfaire ses parents et/ou les personnes proches avec qui il grandit.

Il doit répondre à leurs ordres, ayant peur de ne plus avoir de réponse à ses propres besoins, créant ainsi un système de dépendances basé sur la peur de mourir et sur un chantage à la satisfaction de ses besoins.

À l'âge adulte, ce « dressage archaïque » laisse des traces : le message est resté, sans les circonstances dans lesquelles il a été imposé.

Cela devient des permissions, des limitations, des stratagèmes et des raisonnements fatalistes ; ceux-ci sont inculqués à l'enfant sur le mode impératif.

La peur de mourir est le levier principal d'action par lequel ces prescriptions et injonctions se mettent en place chez l'enfant.

Ainsi chaque message du « saboteur » est associé à cette peur de mourir de l'enfant et s'il n'y a pas soumission à ces messages, la personne se plonge dans des scénarios éventuels de « mort » physique ou sociale, rationnalisée, intellectualisée :

Voici une phrase que nous entendons très souvent en session :

« Si je ne suis pas fort et que je ne travaille pas 12 heures par jour, c'est sûr que je finirai sous les ponts ! »

« Sois fort ! » est le message du « saboteur » ; la peur des conséquences de ne pas répondre à ce message engrammé pendant l'enfance et enseigné par les parents, donne : *« si je ne m'y soumets pas, je n'y survivrai pas, je serai socialement mort ».*

Les parents ont tendance à s'adresser à leurs enfants à l'impératif, en leur donnant des ordres, souvent à cause de leurs croyances et de leur expérience personnelle : ils ont tendance à confondre élever un enfant et éduquer un enfant.

Albert Einstein disait : « La seule chose qui gêne mon apprentissage, c'est mon éducation »

L'état agentique et le « saboteur »

Lorsque l'individu obéit, il délègue sa responsabilité à l'autorité et passe dans l'état que Stanley Milgram *en 1960* appelle « l'état agentique », qu'il oppose à l'état autonome :

Un individu est en état agentique quand, dans une situation sociale donnée, il accepte le contrôle total d'une personne possédant un statut plus élevé. Dans ce cas, il ne s'estime plus responsable de ses actes ; il est alors l'agent exécutif d'une autorité étrangère.

Si l'on transpose cette définition dans le cas d'un très jeune enfant qui n'est pas autonome, qui est en pleine dépendance et qui doit obéir sous peine de voir ses besoins vitaux menacés, il apprend à obéir de force, par les injonctions qu'il reçoit des personnes dont il dépend, il apprend à se soumettre à leur autorité.

Ce sont les qualités de soumission et d'obéissance qui sont recherchées avant tout chez les jeunes enfants. *« Tais-toi et obéis ! », « sois sage ! », « ne répond pas ! »...*

Cependant, en grandissant, l'enfant se forge sa propre éthique et devient de plus en plus autonome.

À l'adolescence, il entre alors en rébellion contre une obéissance forcée.

Malgré cette opposition à la soumission, ces injonctions perdurent à l'âge adulte et prennent la forme de cognitions dysfonctionnelles ou de ruminations négatives auxquelles éventuellement on se soumet. Nous passons notre vie à essayer de nous en débarrasser.

L'individu est en fait habitué à obéir et à recevoir des récompenses pour cela, que ce soit dans le domaine scolaire, familial ou professionnel.

En fait, nous sommes tellement habitués et prédisposés à l'obéissance que nous sommes capables de nous donner des ordres et de nous y soumettre. Nous ne recevons pas ces ordres d'une tierce personne mais du « saboteur ».

Rien d'étonnant que nous nous soumettions à notre « saboteur » quand on sait que les parents et la société inculquent à l'enfant dès son plus jeune âge un respect aveugle pour l'autorité.

Le sabotage en action

L'influence du "saboteur" est constante. Il intervient à chaque fois que l'on n'a pas de justification pour un comportement : on se trouve un prétexte ou un alibi, c'est le saboteur qui intervient !

Ainsi, quand on s'appuie sur des permissions *« je peux faire ça »* ou des limitations *« je ne peux pas faire ça »* (« le saboteur »), quand des stratagèmes, comportements d'évitement ou des jugements fatalistes sont choisis comme moyens d'action, il en émerge des prétextes, alibis ou des désirs qui élaborent de nouveaux comportements ; ceux-ci portent les messages du « saboteur » qui actualisent les routines et conditionnent le Système d'Évaluation Externe en ce sens.

Dans notre exemple du « soit fort », le S.E.E. va ainsi considérer que l'environnement est une opportunité pour travailler 12 heures par jour.

Un autre exemple : la société japonaise a parfaitement intégré comme une opportunité le fait de travailler au moins 12 heures par jour sans prendre de vacances ; le message du « saboteur » a été intégré dans la structure sociale.

Cependant les ressources disponibles, bien qu'étant elles aussi niées par le "saboteur", peuvent malgré tout être prises en compte à la suite d'un choix conscient et ainsi limiter les stratagèmes, évitements et raisonnements fatalistes :

Si une personne, à cause de son « saboteur », peut se mettre en colère parce qu'elle se sent offensée ("ne soit pas bête !" qui est traduit par un "tu es bête"), elle peut aussi faire appel à ses connaissances et nouvelles expériences (ses ressources disponibles dans ce cas) qui lui ont prouvées qu'elle n'est pas bête, qu'elle sait se débrouiller, elle l'a déjà réussi auparavant, et ainsi choisir d'éviter de tomber en réaction et de tourner en boucle dans ses émotions.

La méditation est un autre moyen pour se débarrasser de l'influence du « saboteur ».

Il est bien entendu que le « saboteur » s'étant implanté grâce à un chantage sur la survie d'un enfant, les comportements de celui-ci seront plus orientées vers l'égoïsme, le « pour soi » que vers l'altruisme, « pour autrui ».

Parce que les besoins vitaux ont été mis en danger, par instinct de conservation, l'individu ne compte plus que sur lui-même.

Le « saboteur » est un individualiste qui se bat pour sa survie !

Dans le cas du syndrome de Stockholm où la personne se trouve dans une position où sa vie dépend totalement du bon vouloir de quelqu'un d'autre, la personne régresse comme à l'état du nouveau-né, entièrement dépendant.

Le syndrome de Stockholm est défini comme l'attachement de la victime à son ravisseur : par un phénomène de régression induit par la totale dépendance de la victime face à son ravisseur, le ravisseur prend littéralement la place du « saboteur » obtenant ainsi la confiance qu'un enfant a de ses parents.
Car comment concevoir qu'une personne menacée de mort et détenue contre son gré prenne finalement fait et cause pour cet individu qui menace de la tuer ?

Peut-être, justement, parce que sa vie est entre les mains de cet individu, et que naît alors un sentiment de dépendance totale, voire de gratitude vis-à-vis de cet être tout-puissant qui choisit finalement de l'épargner.

Nous nous retrouvons ici dans les mêmes conditions que l'enfant vis-à-vis de ses tuteurs.

Le « saboteur » et les nouveaux comportements

L'influence du saboteur est omniprésente, cependant l'individu a le choix d'utiliser les ressources qui sont à sa disposition, y compris celle d'apprendre de nouvelles compétences, ou de se dire : *« je ne suis pas capable »* à cause d'une impuissance apprise ou des cognitions dysfonctionnelles du « saboteur ».

Dès que le « saboteur » entre en jeu, les stratagèmes et fatalités *(« ce n'est pas de ma faute, ça sera toujours comme ça, je ne suis bon à rien », etc....)* apparaitront pour justifier l'incapacité à mettre en œuvre les nouveaux comportements.

Des permissions et des limitations basées sur des croyances et un « système de morale » dichotomique justifieront la réduction des moyens d'action ; il en résulte des prétextes, des alibis et des désirs qui, à leurs tours, élaborent de nouveaux comportements au service du « saboteur ».

Un individu qui aurait un comportement proactif mais qui, au lieu d'utiliser les ressources dont il dispose, utiliserait des stratagèmes pour actualiser ses nouveaux comportements peut être considéré comme un manipulateur.

C'est le cas du supérieur hiérarchique qui ordonne à son subordonné de faire son travail à sa place.

De même si son « système de morale », permissions et limitations est à l'œuvre, cet individu adopte alors un comportement rigide, basé sur des règles et des convictions non démontrées : ces comportements sont qualifiés de toxiques.

Si je suis proactif en utilisant des stratagèmes, je manipule !

Par exemple, déclencher une dispute avec des prétextes pour s'affranchir d'explications et partir de son côté sans avoir de motif valable pour s'en aller, est une attitude hautement manipulatoire.

L'action du « saboteur » est diminuante, limitante et dénigrante, elle diminue nos capacités et joue avec nos croyances.

C'est ainsi qu'en se posant la question « qu'est-ce qui est important pour moi ? », on choisit de laisser la place au saboteur, ou non !

Les capacités

J'agis avec quoi ?

Les capacités soulèvent cette deuxième question du modèle.

Nous définissons les capacités comme l'ensemble des moyens, compétences et ressources matérielles présentes dans la Sphère d'Influence, qui sont indispensables à l'efficacité de nos comportements, selon l'environnement dans lequel nous nous trouvons.

Elles sont utilisées pour optimiser nos comportements. Elles contribuent à la qualité et à l'efficacité de nos actions. C'est grâce à elles que nous pouvons transformer notre Sphère d'Influence.

L'expertise, le savoir-faire, tout lieu ou objet, toutes les ressources qui participent à la réalisation ou à l'efficacité des comportements sont considérées comme une capacité.

La définition française de « capacité » définit la compétence d'une personne à réaliser une tâche ; nous pensons que cette définition est restrictive et nous l'avons élargie aux moyens et ressources disponibles, de la même façon que les anglo-saxons définissent ce terme ; nous y avons inclus les stratagèmes et fatalités : ils en font aussi partie, le choix revenant à chacun de les utiliser ou pas.

« Qui veut faire quelque chose trouve un moyen, qui ne veut rien faire trouve une excuse »

Proverbe arabe

Certaines de ces ressources sont accessibles directement et d'autres nécessitent certaines actions pour être disponible : *Si je veux manger du pain pour mon petit déjeuner, il faut d'abord que j'aille en acheter ou que je le fasse.*

Si je n'ai pas la compétence requise, il faut que je l'acquière : *si je n'ai pas de boulangerie, il faut que j'apprenne à faire du pain !*

Apprendre à apprendre est la compétence essentielle pour tous ceux qui veulent se donner les moyens de réussir (oui...l'argent ne fait pas tout !)

Cela implique des comportements proactifs ou des initiatives pour l'acquisition de nouvelles capacités nécessaires pour générer des progrès motivants.

« Ils ne savaient pas que c'était impossible, alors ils l'ont fait. »

Mark Twain

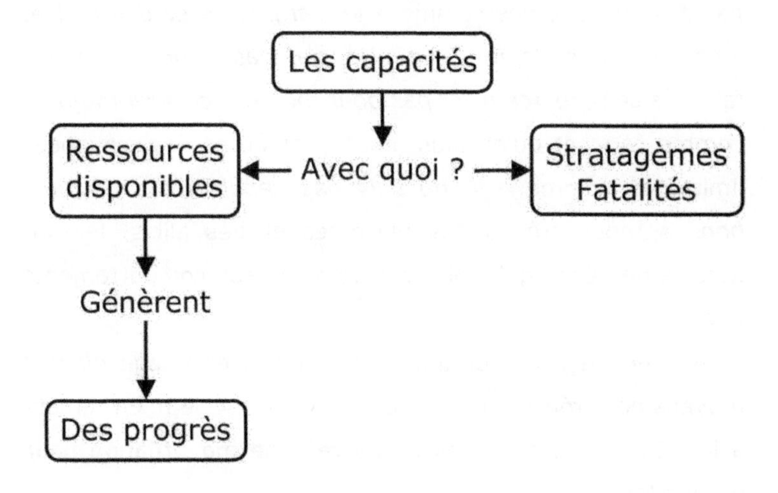

Quand une personne croit que les difficultés sont trop grandes, qu'elle ne voit pas les ressources qui sont à sa disposition ou qu'elle les croient inaccessibles et pense qu'elle est incapable de réaliser une activité, que se passe-t-il alors ?

Elle va se donner des excuses pour ne pas faire cette activité, se trouver des prétextes, élaborer des stratagèmes, et peut-être finir par un *« je n'y peux rien, c'est comme ça »*, fataliste ; se trouver des alibis est aussi une capacité et c'est le choix de la personne de les utiliser ou pas.

Si nous souhaitons faire quelque chose mais au lieu d'utiliser nos ressources disponibles, nous les remplaçons par des stratagèmes comme *« je n'ai pas assez d'argent »*, *« ce n'est pas de ma faute, je n'ai pas appris »* ou des fatalités comme *«ce n'est pas pour moi »*, *« ça sera toujours comme ça »*, et qu'en plus, nous y ajoutons des croyances limitantes comme *« je ne suis pas capable»* ou *« à quoi bon... »*, nous créons des prétextes et des alibis, le tout associé de désirs qui élaborent de nouveaux comportements limitants.

Au lieu de chercher une source d'apprentissage ou des moyens pour réaliser une ou plusieurs U.C.A, je m'en remets à la fatalité des manques de moyens de ma situation pour ne rien faire :

Nous avons rencontré un peintre qui ne peint pas parce qu'il attend le financement d'une banque pour monter son entreprise de peinture ; dans ce cas, l'argent n'est qu'un prétexte pour ne pas commencer, s'il veut vraiment peindre, qu'il commence par peindre ! L'argent, ici, est une excuse et n'est pas pris comme un moyen, un outil ; n'obtenant pas son financement, il ne démarre pas son activité, il ne commence pas à peindre : c'est un stratagème, « il ne peut pas monter sa boîte » ; en fait, il désire « monter sa boîte » pour se débarrasser d'un patron, et non pas pour peindre et générer son propre salaire.

Un autre comportement peut se manifester : l'effet Dunning-Kruger, ou effet de sur-confiance ; c'est un biais cognitif selon lequel les moins qualifiés dans un domaine surestiment leurs compétences : plusieurs études ont démontré que le fait de se croire compétent alors qu'on ne l'est pas, engendre un excès d'estime de soi qui se manifeste par un comportement arrogant ; on justifie celui-ci aussi par des stratagèmes et des convictions : *« Je sais tout ça ! Tous des minables ! C'est moi le meilleur ! »*

Il est intéressant de constater que les comportements arrogants seraient issus d'une société qui sacralise l'accès à la connaissance par le biais de diplômes prestigieux, en la limitant aux élites ; cette société vénère les grandes institutions sectaires du savoir.

Après les grandes crises financières, que penser de la valeur d'un diplôme en économie ou de l'arrogance de ces experts qui en détiennent un ?

L'arrogance dissimule l'ignorance.

« L'ignorance engendre plus fréquemment la confiance en soi que ne le fait la connaissance »

Charles Darwin

« Si le monde explose, la dernière voix que l'on entendra sera celle d'un expert disant que la chose est impossible », a déclaré l'acteur et écrivain britannique Peter Ustinov dans un entretien au cours duquel il a affirmé n'avoir aucune confiance en ceux qui se posent en détenteurs d'un savoir sans avoir auparavant démontré leurs compétences.

La psychologie sociale lui a donné raison, car l'une des plus puissantes heuristiques (les raccourcis cognitifs qui nous aident à prendre des décisions rapidement, même sur des questions complexes – voir le chapitre sur les croyances) est l'illusion de supériorité.

Celle-ci nous convainc de notre propre compétence dans des domaines où, en réalité, nous sommes plutôt ignorants ; l'illusion de savoir nous rend arrogant.

Nous sommes ici en présence d'une cognition dysfonctionnelle qui est fréquemment utilisée.

Et nous ne pouvons pas finir ce chapitre sur les capacités sans parler du cas de l'impuissance apprise :

Il s'agit d'un état psychologique qui est le résultat d'un apprentissage dans lequel la personne fait l'expérience de son absence de maîtrise sur ce qui lui arrive, il s'ensuit une attitude résignée ou passive.

Cette impuissance est « apprise » car d'une part, elle fait suite à un apprentissage par une répétition d'expériences qui lui apprennent qu'elle *« n'y arrive pas »*, et d'autre part elle se généralise : .... *« Elle n'y arrive pas »*... dans tous les cas, quel que soit ce qu'elle doit faire et quoiqu'elle fasse :

Si un enfant qui n'arrive pas à faire son exercice de math, une fois, puis deux fois, voire une troisième fois (même si par ailleurs il en résout d'autres), s'entend dire à chaque fois « pourtant c'est facile », ou « tu ne peux pas réfléchir un peu de temps en temps ? », ou encore « ce n'est pas ton truc les maths... », il va apprendre qu'il n'est pas bon en math.

Et on sait maintenant ce que ça donne comme résultat final : il n'essaiera plus, et donc ses résultats ne feront que renforcer cet apprentissage.

Il va intégrer cette impuissance comme une compétence, il a appris à être incapable d'apprendre.

Nos capacités nous permettent d'être efficace dans nos comportements, et par efficacité, il faut comprendre « en dépensant le moins d'énergie possible » : alors que le cerveau ne représente que 2 à 3% du poids du corps, il est responsable de 15 à 20% de la dépense énergétique ; le traitement de l'information est ce qui consomme le plus d'énergie au niveau cérébral, or le cerveau est par nature économe en dépense d'énergie.

Un autre aspect participe à l'efficacité cognitive : les croyances.

Les croyances

Qu'est-ce qui est important ?

Les croyances soulèvent cette troisième question du modèle.

Les croyances font partie des moyens que le cerveau utilise pour économiser au mieux son énergie, en évitant de refaire systématiquement les mêmes raisonnements ; en d'autres termes, selon les circonstances, ce sont des savoirs admis et des conclusions acquises.

Elles priorisent nos comportements et ainsi elles font partie de notre Sphère d'Influence.

Les croyances sont des raccourcis décisionnels ou des savoirs basés sur une somme d'informations incomplètes ou erronées.

Je crois ceci, donc je me comporte comme cela… et c'est comme ça !

Une croyance est prise pour une certitude mais sous-entend *« je crois que… »*, puis elle est suivie d'une expression binaire absolue (qui peut être aussi sous-entendue) comme *« toujours, jamais » « tous, personne »* pour finir par un jugement non vérifié, comme *« les français sont arrogants », « les hamburgers ne font pas grossir »…*

Celles-ci nous portent à nous comporter en fonction d'une situation donnée dans un environnement donné : elles structurent nos comportements en donnant des limites (des permissions ou des limitations) ou bien elles donnent accès à un cadre éthique d'actions.

Une croyance se construit ainsi : *« Comme… »* suivi par une conclusion non vérifiée, *« alors je me comporte comme ça ! Point final ! ».*

Par exemple : « Comme les chiens sont méchants (je crois savoir que les chiens sont méchants), alors je les évite. »

Les croyances définissent un système de morale binaire ignorant toute nuance ; elles définissent des principes ou des lois générales... le bien et le mal, le beau et le laid, le gentil et le méchant...

Elles n'intègrent pas les contraintes de la situation : quelles que soient les circonstances, la personne croit toujours la même chose, elle ne changera pas d'opinion.

On ne peut pas discuter sur des croyances.

Elles constituent un système personnel, rationnel ou non, de justification des comportements et de la façon dont ceux-ci sont exécutés.

« Bien que tu me dises que ton chien n'est pas méchant, même si on est ensemble, je continue de penser qu'il vaut mieux que je ne l'approche pas. »

Une croyance, même fausse, quand elle se vérifie, devient une conviction qui elle-même se transforme en règle.

Si je crois que le 13 va me porter chance et que je joue, si je gagne, ma croyance va se trouver confirmée, et si cela se reproduit elle deviendra une conviction, puis une règle ; « il faut jouer le 13 ! »

Une croyance peut être tout simplement *: croire de façon irrationnelle que la terre est plate (en 2019, un jeune américain sur trois pense que la terre est plate), croire qu'un* *chat noir qui passe est un mauvais présage, croire les dictons…*

Si une personne croit que tous les jeunes sont des délinquants, quand elle en croisera un, elle sera effrayée ; ce n'est pas rationnel.

Peut-être de temps en temps, pourrions-nous nous poser la question *: « est-ce que ce que je crois est vrai ou faux ? »*

Mais il est vrai que nous voulons croire que nous savons des choses !

Donc, de nos croyances va découler un comportement ; si nous croyons en une cause plus grande que nous, nous allons nous investir dans une mission à accomplir, sinon nous allons nous comporter dans le cadre d'un rôle.

Dans mon travail par exemple, suis-je investi d'une mission ou suis-je dans un rôle ? Ou comment la mission dans laquelle j'étais investi se transforme-t-elle en un rôle ?

Quand un individu s'est impliqué dans une mission (qui en général est une ambition supérieure à lui-même : sauver le monde, éradiquer la famine, apporter l'éducation dans le tiers monde…, mais qui peut être tout simplement rendre service à des usagers, améliorer un outil, embellir un cadre de vie…), ses comportements seront le reflet de la mission à accomplir et de ses valeurs.

Les valeurs sont des croyances auxquelles on tient, elles priorisent et donnent de l'importance à nos comportements. Nous suivons une cause dont les valeurs s'accordent à nos propres valeurs.

Si les actions d'une personne n'ont pas les effets escomptés ou si le cadre de la mission n'est pas clairement structuré, cette personne va douter du bien-fondé de la cause et des valeurs qu'elle honore. Elle commencera à moins y croire ; elle va moins s'y investir et les options structurantes de l'envie, les désirs, vont répondre aux manques structurels de sa mission.

La personne se définit alors dans un rôle et va se cantonner seulement à effectuer les tâches nécessaires pour satisfaire ses désirs. Ses comportements reflètent alors un état agentique pour servir cette cause à laquelle elle ne croit plus et dans laquelle elle ne reconnait plus ses valeurs.

La mission se transforme alors en contrat à honorer, en rôle, les comportements se soumettent au désir.

Pour moi, est-ce important que mes comportements soient au service de mes envies ou qu'ils soient asservis par mes désirs ? Est-ce que je suis investi d'une mission ou est-ce que je suis dans un rôle ?

L'état agentique que nous avons expliqué au chapitre du « saboteur », dans lequel on se comporte en agent et on obéit aux ordres, sans initiative ni réflexion, se retrouve ici :

« Je n'aime pas mon travail, mais je ne fais pas de vagues, je n'ai pas le choix, parce que j'ai les factures à payer (alimentation, éducation, maison, voiture, vacances....), je fais ce que l'on me dit de faire, j'obéis aux ordres... ». Dans ce cas la personne est dans un rôle.

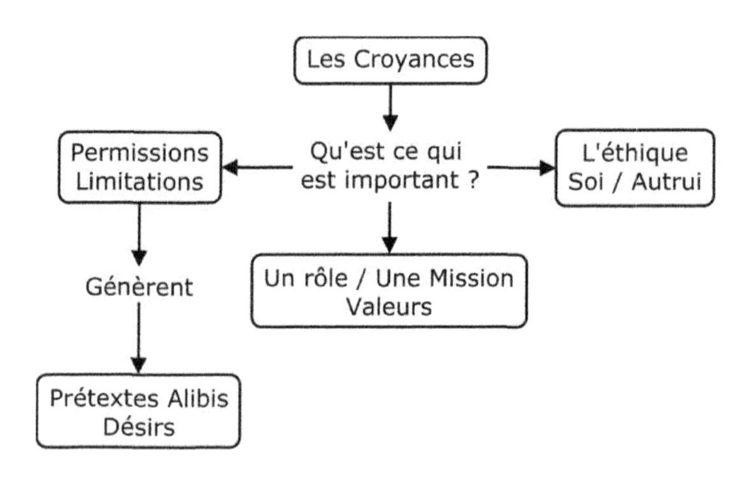

Si l'on considère l'ignorance ou le « non savoir » comme le terreau des croyances, à l'opposé le savoir et la connaissance nourrissent l'éthique ; celle-ci amène à la construction de l'Individualité.

Sortons de la Sphère d'Influence pour aborder l'individu en tant que tel !

L'Individu

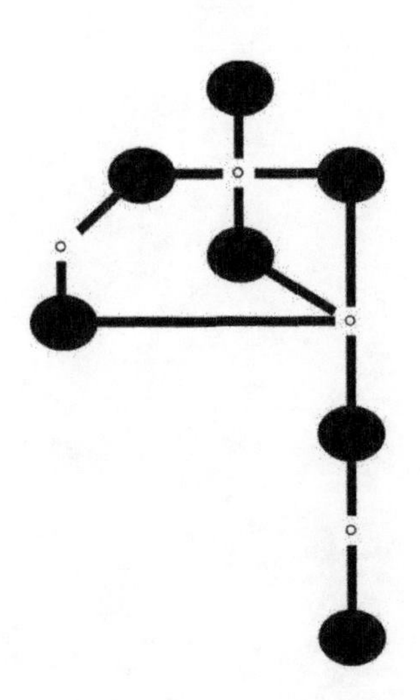

L'éthique

Code de conduite ?

L'éthique ne fait pas partie de la Sphère d'Influence car il s'agit d'une estimation de ce qui est bon pour soi et pour l'autre ; bien qu'il existe un lien avec les croyances, elle ne représente pas une série de jugements partiaux justifiant des raccourcis comportementaux.

Cependant l'éthique est issue des croyances : dès qu'un savoir invalide une croyance, l'éthique entre en jeu ; seule la connaissance peut invalider une croyance.

Si les croyances définissent un système de morale basé sur l'ignorance, l'éthique s'appuie sur le savoir pour faire une évaluation d'une conduite à adopter : imaginons une balance avec un plateau qui représente les croyances sur lequel se trouve l'ignorance et l'autre plateau qui représente l'éthique où se trouve la connaissance.

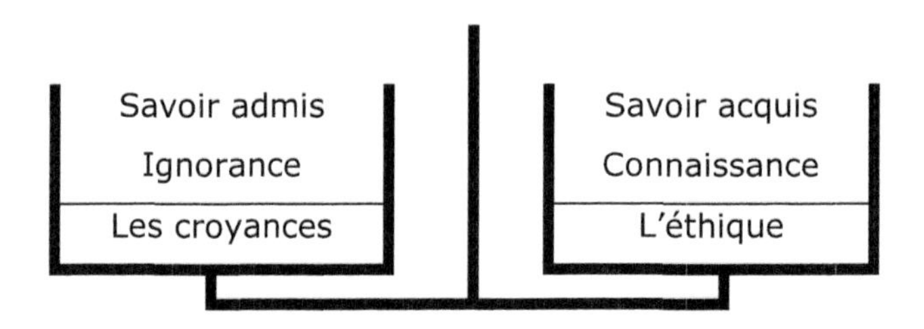

Si l'ignorance pèse sur les croyances, la connaissance pèse sur l'éthique.

D'un côté je crois que les araignées sont méchantes et donc il faut les tuer, de l'autre côté je sais que ce sont des êtres sensibles et qu'elles sont utiles à l'équilibre du vivant, donc je ne les tue pas.

L'éthique pose la question de ce que l'on estime bon pour soi et pour les autres alors que la morale pose la question du bien et du mal.

L'éthique est une référence comportementale, elle détermine la manière d'agir en fonction « de soi » ou « d'autrui ».

On pourrait confondre éthique et valeur morale ; l'éthique est un code de conduite en fonction d'une situation donnée contrairement aux valeurs qui sont le résultat d'un jugement.

L'éthique est un dépassement du système de morale binaire, issu des croyances.

Le parent qui frappe son enfant en disant « c'est pour ton bien !» suit une morale forgée sur la croyance qui définit la douleur comme éducatrice.

Après avoir compris que cette croyance est fausse, il adoptera certainement un comportement plus éthique vis-à-vis de l'éducation de son enfant. (Sauf si des cognitions dysfonctionnelles renforcent la croyance)

L'éthique est une disposition individuelle à agir selon les vertus, afin de rechercher la bonne décision dans une situation donnée.

L'éthique n'a de sens que dans une situation. Elle admet la discussion, l'argumentation, les paradoxes.

L'éthique régule les comportements impulsifs en assurant le contrôle de soi. Elle participe à la définition de l'Individualité en offrant un sens et une qualité aux actes de l'individu.

L'éthique pour soi est déterminée par le Système d'Évaluation Interne ou S.E.I, et pour autrui par le Système d'Évaluation Externe ou S.E.E.

L'éthique s'oppose aux prétextes, alibis et désirs : ceux-ci sont générés par les croyances de permissions et limitations d'une part, et d'autre part, par des stratagèmes, des fatalités et des justifications générés par le sentiment d'incapacité à agir.

En effet, l'éthique permet de ne plus se référer aux croyances qui s'appuient sur les permissions ou indulgences *« je peux faire ça »*, ou bien sur les limitations ou interdits *« je ne peux pas faire ça »*.

Elle assure le lien et joue le rôle de filtre entre les croyances d'un individu et son individualité qu'elle renforce.

Quand l'éthique n'est plus présente, les cognitions dysfonctionnelles (« le saboteur ») s'imposent et renforcent l'égo.

L'éthique est basée sur des expériences positives :

Quelqu'un d'honnête, qui se trouverait dans une position où il pourrait être malhonnête, parce qu'il a déjà expérimenté les deux, ou avec simplement son bon sens, va choisir d'avoir un comportement honnête. C'est un choix comportemental.

Et même un voleur (Robin des bois, Arsène Lupin…) peut se forger sa propre éthique : « je ne vole que les personnes très riches, ou ceux qui portent tort aux autres… »

Se créer une éthique

Comme nous l'avons vu, il existe un rapport entre l'éthique et les croyances, l'éthique étant basée sur la connaissance et la croyance sur l'ignorance.

L'éthique est une estimation alors que la croyance est un jugement.

Alors, comment passer de l'une à l'autre ? Très simplement en enlevant de l'ignorance d'un côté de la balance et en ajoutant de la connaissance de l'autre côté.

Le fait même de questionner l'ignorance produit ce résultat ; pour cela une seule question suffit : *« Ais-je raison de croire que ...? »*

En posant cette question, vous sollicitez une réponse qui apporte de la connaissance sur un cas bien précis, une situation ou voire une sensation.

Prenons pour exemple cette croyance : « Tous les chats noirs portent malheur ». Le fait d'y croire va me faire me comporter spécifiquement en accord avec cette croyance : je change de trottoir, je fuis, etc...

Je me comporte en fonction de ma croyance, je me trouve des raisons, un alibi, pour justifier mon attitude.

Maintenant, je peux me poser la question *« Ai-je raison de croire que les chats noirs portent tous malheur ? »*.

Cela a pour effet de court-circuiter la croyance en cherchant à obtenir une connaissance sur ce que vous ignorez.

Vous allez chercher la réponse en vous comportant de manière à confirmer ou infirmer cette question. Peut-être allez-vous caresser un chat noir pour voir s'il vous arrive un malheur ? C'est fort probable ! Et s'il ne vous arrive rien, allez-vous continuer à y croire ?

Un autre exemple, si vous voyez une personne être un peu froide avec vous, au lieu de vous comporter en suivant la croyance que cela est de votre faute, vous pouvez poser la question :

« Ais-je raison de croire que tu me fais la tête ? » Quelle que soit la réponse que vous recevrez, cela vous éclairera un peu plus sur votre responsabilité et vous permettra d'engager un dialogue sur la recherche de la connaissance, vous ne partirez pas de vos croyances ; si la réponse est oui, on peut s'expliquer, on peut dialoguer, et si c'est non, alors peut-être peut- on aider ?

L'éthique renforce l'estime de soi.

Quand l'éthique est partagée par plusieurs individus parce qu'ils ont un savoir commun, elle devient une déontologie.

L'éthique, avec le rôle/la mission et les valeurs qui y sont attachées, avec les prétextes, alibis et désirs, nous amènent à la définition de l'Individualité.

L'Individualité

Rien sans mon accord !

Notre Individualité valide tous nos comportements, on ne peut rien faire contre soi, son éthique, ses valeurs, ni même contre ses prétextes ou alibis.

Qu'est-ce que l'Individualité ? Commençons par l'examen neurologique d'individus qui mettent exagérément leur Individualité en avant : les individualistes.

Les chercheurs ont ainsi constaté que trois régions du cerveau sont plus développées chez les sujets les plus individualistes. Il s'agit :

- du cortex préfrontal ventromédian, impliqué dans les représentations de soi-même (lorsqu'on raisonne à la première personne, notamment),
- du cortex préfrontal dorsolatéral, qui crée le sentiment d'être l'auteur de ses actions,
- du cortex préfrontal rostrolatéral, qui tisse notamment notre mémoire autobiographique, en unissant dans un concept de Soi l'ensemble des souvenirs de notre passé personnel.

À l'IRM, ces zones du cerveau apparaissent plus épaisses chez les sujets individualistes.

À la lumière de ces observations, nous pouvons considérer l'Individualité comme un « creuset des meilleures pratiques » où d'une part toutes les actions, pensées et ressentis sont engrammés dans la mémoire autobiographique, et où d'autre part l'individu assume ses actes avec le sentiment d'être au contrôle de sa vie.

Les conséquences de ses actes sont évaluées en interne pour donner « l'estime de soi ».

La mémoire autobiographique est en interaction avec le S.E.E (Système d'Evaluation Externe) : on se souvient de notre environnement et de l'évaluation qu'on en a fait, de ce qu'on en a pensé, de ce qu'on en a ressenti ; tout cela constitue une base stockée dans notre mémoire pour les futures évaluations ; cette base nous fournit une expérience et l'expérience nous permet d'anticiper le danger.

D'autre part, l'éthique, tout comme les prétextes, les alibis et les désirs, s'engramme dans la mémoire autobiographique et participe à la construction de l'Individualité.

L'individu est investi d'une mission dont la cause est en accord avec ses valeurs ou bien il suit un rôle : tout cela fait partie de son Individualité.

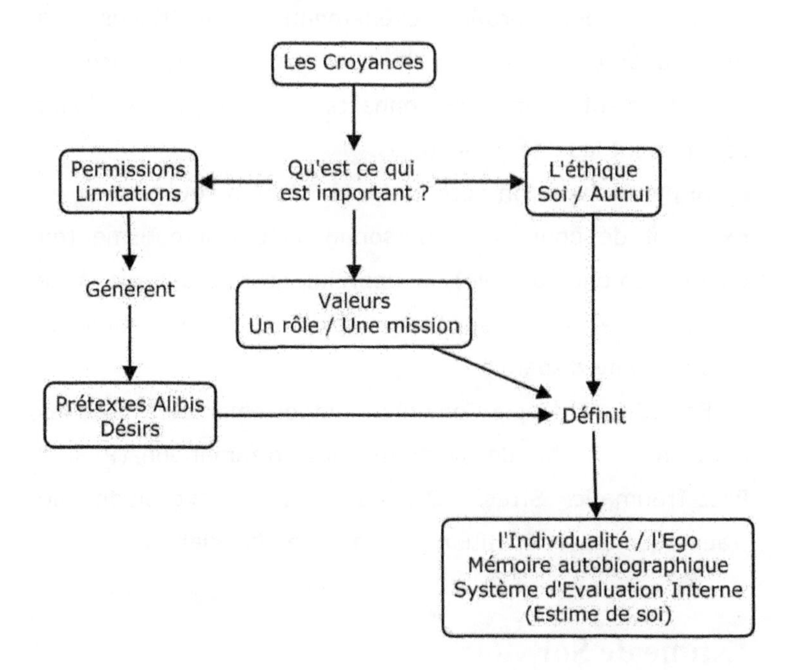

L'Individualité se résume comme ceci : « Je suis », « je me comporte», « je mémorise ».

Dissociation de l'Individualité

Si on se penche sur des personnes qui ont subi un grave traumatisme : la violence à laquelle ils ont dû faire face peut bloquer leur S.E.E ; ceci a pour conséquence, dans ce cas, de dupliquer l'Individualité et de créer deux mémoires autobiographiques dissociées, l'une n'ayant pas les souvenirs de l'autre ; c'est peut être une explication à l'amnésie pour certains évènements traumatiques ; la dissociation peut aller, dans les cas les plus graves, jusqu'au dédoublement de personnalité, celles-ci évoluant séparément les unes des autres.

Si par la suite, on accoutume le S.E.E. à l'évènement en exposant de nouveau la personne à ce traumatisme (en environnement contrôlé), il apprend et s'accoutume à ce traumatisme, il ne se bloque plus : la dissociation de l'Individualité disparait.

En T.C.C (Thérapie Cognitivo Comportementale), chez les personnes en état de syndrome post traumatique (PTSD : Post-Traumatic Stress Disorder), la surexposition au traumatisme par répétition répare cette dissociation.

Estime de Soi

Le « Système d'Évaluation Interne » mesure la cohérence des actes avec l'éthique et la Sphère d'Influence (les croyances, les capacités, les comportements et l'environnement).

Plus la cohérence est présente, plus l'estime de soi est affirmée.

La cohérence, c'est faire les choses en accord avec soi-même ; la cohérence de ce que nous faisons est essentielle que ce soit dans une activité professionnelle ou non, politique, bénévole, d'enseignement...

L'estime de soi est la valeur et la stabilité de l'Individualité.

Dans le cas de la dépression et du suicide, par exemple, quand la valeur d'une personne est dépréciée par des cognitions dysfonctionnelles ou par son environnement, son estime d'elle-même - présente dans son Individualité - est diminuée.

Ses ruminations négatives deviennent alors de plus en plus présentes et la déprécient, ainsi c'est elle-même qui se tire vers le bas, ou bien ce sont les autres (l'environnement) qui vont confirmer cette dépréciation et l'accentuer en apportant de l'eau à son moulin.

Dans ce cas, la personne définit de plus en plus son Individualité dans un rôle, "ne valant peu ou même rien" ; les comportements ne sont alors plus motivés par l'éthique mais par des prétextes et alibis pour justifier son Idéal.

Quand une personne ne sait plus ce qui est important pour elle, elle perd la cohérence de ce qu'elle fait, son estime d'elle-même est diminuée ou anéantie ; les ruminations négatives envahissent l'Individualité qui n'assure plus sa fonction de validation des comportements.

Son Individualité est alors affectée et sa capacité à se projeter dans un Idéal de soi diminue.

Il ne faut pas confondre une basse estime de soi et l'humilité : ne pas se mettre en avant, comme dans le cas d'une mauvaise estime de soi, n'est pas forcément un comportement humble ; car l'humilité est surtout la simplicité, à l'opposé de l'orgueil.

L'estime de soi est déterminante pour que l'individu puisse projeter son Individualité dans le futur, dans un Idéal de soi.

L'Idéal

Projection dans le futur

Quel est l'Idéal d'une personne ? Que veut-elle faire de sa vie ? Comment projette-elle sa vie dans le futur ? Tout ce qui est exprimé au futur est une manifestation de l'Idéal.

L'Idéal d'une part, et l'envie d'autre part, participent à l'élaboration de nouveaux comportements : nous avons vu que les nouveaux comportements sont un facteur essentiel d'évolution d'un individu et qu'ils sont motivés par nos progrès, mais comment sont-ils élaborés ? À partir de deux visions : la vision d'un résultat futur qui est l'Idéal, et la vision des moyens de satisfaction du besoin, en d'autres termes l'envie.

Tous les nouveaux comportements sont motivés par le but dans lequel on se projette, par la vie qu'on souhaiterait : *« Qu'est-ce que je veux pour moi ? », «Qui serai-je dans le futur ? »*

Notre Individualité se projette dans le futur et crée un Idéal qui est déterminant dans la structuration des nouveaux comportements : entre le point présent et le point futur, tous les nouveaux comportements seront cohérents, en accord avec l'Individualité ; cette projection élabore la série de comportements à effectuer pour que l'Idéal devienne l'Individualité actuelle.

Par exemple, si je veux avoir plus d'argent, j'ai plusieurs solutions : je peux demander une augmentation, changer de travail, ou bien je peux aussi voler cet argent ; mes nouveaux comportements se feront en accord avec mon éthique, mes croyances qui prennent la forme de valeur, et même avec mes prétextes, alibis et désirs (mon Individualité) : en ce qui me concerne je vais demander une augmentation dans un premier temps et de toute manière, exclure la possibilité de le voler !

Se projeter dans un futur permet de trouver une cohérence à ce que l'on fait, permet de trouver un sens à sa vie, pourquoi on fait les choses ; le sens est la justification de tous nos comportements, c'est pour les rationaliser.

Ce peut être une Individualité égoïste et elle va se définir un Idéal pour elle-même, ou ce peut être une Individualité altruiste et elle va se définir un Idéal pour les autres.

Quand l'Individualité est définie par des prétextes, des alibis ou des désirs, l'Idéal devient égoïste.

A l'inverse l'Idéal devient altruiste lorsque l'éthique pour soi et pour les autres est prioritaire.

Ces deux Idéaux coexistent, on a un Idéal pour soi et un Idéal pour les autres, c'est un équilibre entre l'égoïsme et l'altruisme.

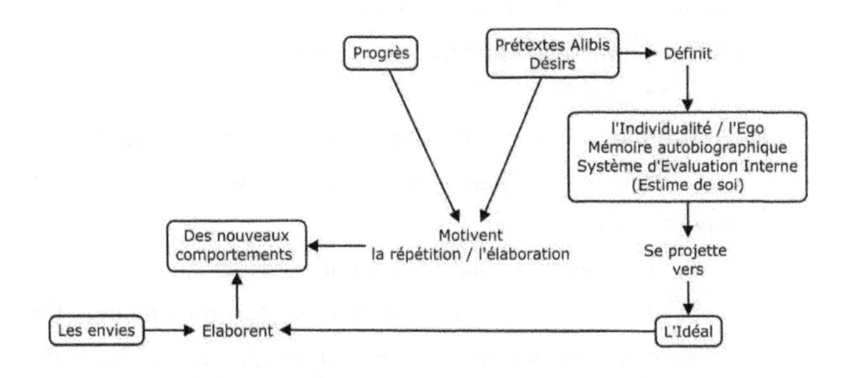

Nous venons de voir que « l'Idéal » est une projection dans le futur, alors à quoi correspond cette petite phrase : *« C'était mieux avant » ?*

C'est comme si les personnes regrettaient les conditions passées et faisaient une comparaison avec l'époque actuelle : après avoir vécu une vie particulièrement routinière, quand cette routine se brise sous l'impact soudain d'un changement environnemental, l'Idéal devient alors une projection dans le passé.

Il ne faut pas se méprendre sur la définition de l'Idéal.

Cela n'est pas une cause à défendre, ni une utopie, ni une philosophie de vie.

L'Idéal, comme nous l'entendons est quelque chose de concret qui ne relève pas du fantasme : c'est une projection de l'Individualité dans un futur ou l'envie est satisfaite.

L'individu conserve ses goûts et ses appréciations dans son Idéal ; c'est une vision personnelle d'un monde meilleur, avec de vrais morceaux de soi dedans.

Attention, ne pas confondre - vivre l'instant présent - et - vivre au jour le jour - qui revient à ne pas se projeter dans le futur.

Au contraire - vivre l'instant présent - permet la méditation et le calme de l'esprit. C'est essentiel pour éviter les comportements réactifs et, du coup, les attaques du «saboteur » ; ainsi on ne se pré-occupe pas (s'occuper à l'avance) d'évènements incontrôlables.

L'Idéal est un facteur essentiel de la réussite ; S'il est vrai que la motivation (apportée par nos envies et nos nouveaux comportements) est importante, elle ne peut à elle seule nous y amener :

100 % des personnes qui sont mortes dans l'ascension de l'Everest étaient très motivées, ont-elles réussi ?

Nous l'avons vu, savoir se saisir des opportunités est un facteur important, mais nous ne pouvons les saisir sans une vision, un Idéal ; c'est lui qui nous permettra de remettre à un jour meilleur (meilleure météo, meilleur entraînement, meilleure forme…) une ascension difficile comme l'Everest par exemple.

Si nous répondons à la question *« de quoi ai-je envie ? »*, nous prenons conscience de ce qui nous manque et nous pouvons ainsi répondre à *« qu'est-ce qui est déséquilibré ? »* ; l'Idéal nous donne le « comment faire », la séquence d'U.C.A à réaliser, pour rééquilibrer le besoin d'où l'envie est issue.

La rencontre des deux crée les nouveaux comportements.

Maintenant, comment le besoin inconscient se manifeste en une envie consciente ? Par quel moyen ? Ce moyen, nous l'appelons : les Volontés.

3C, la carte cognitivo-comportementale

Légende :

Violet	Niveau inconscient
Vert	Circuit de satisfaction des besoins
Rouge	Circuit du « saboteur »
Orange	Circuit influencé par le « saboteur »
Kaki	Liens avec la volonté de stimulation
Bleu	Liens avec la volonté de reconnaissance

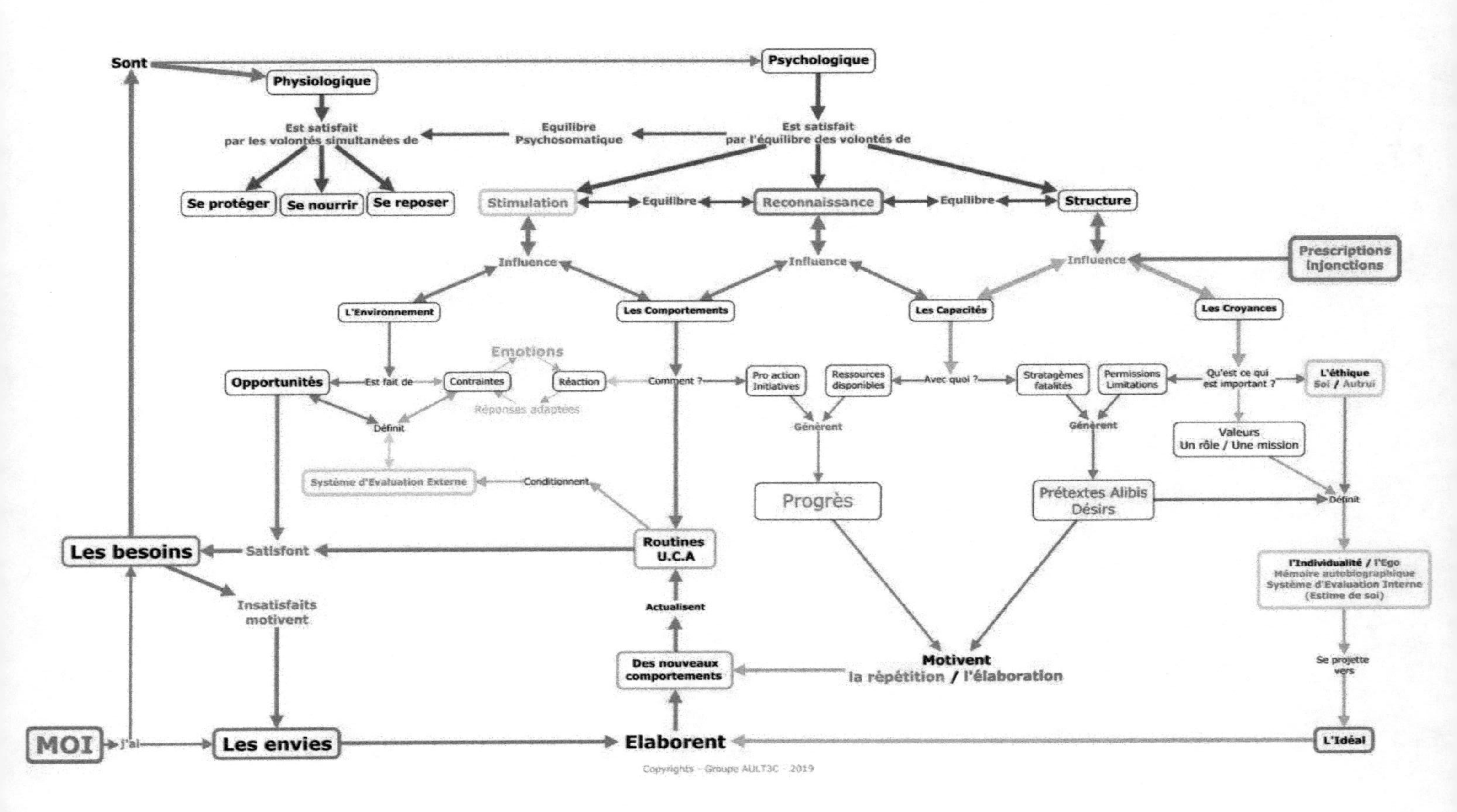

Sont
Physiologique
Psychologique
Est satisfait
par les volontés simultanées de
Equilibre
Psychosomatique
Est satisfait
par l'équilibre des volontés de
Se protéger
Se nourrir
Se reposer
Stimulation
Equilibre
Reconnaissance
Equilibre
Structure
Influence
Influence
Influence
Prescriptions
Injonctions
L'Environnement
Les Comportements
Les Capacités
Les Croyances
Emotions
Opportunités
Est fait de
Contraintes
Réaction
Comment ?
Pro action
Initiatives
Ressources
disponibles
Avec quoi ?
Stratagèmes
fatalités
Permissions
Limitations
Qu'est ce qui
est important ?
L'éthique
Soi / Autrui
Réponses adaptées
Définit
Génèrent
Génèrent
Valeurs
Un rôle / Une mission
Système d'Evaluation Externe
Conditionnent
Progrès
Prétextes Alibis
Désirs
Définit
Les besoins
Satisfont
Routines
U.C.A
l'Individualité / l'Ego
Mémoire autobiographique
Système d'Evaluation Interne
(Estime de soi)
Insatisfaits
motivent
Actualisent
Motivent
la répétition / l'élaboration
Des nouveaux
comportements
Se projette
vers
MOI
j'ai
Les envies
Elaborent
L'Idéal

Les Volontés

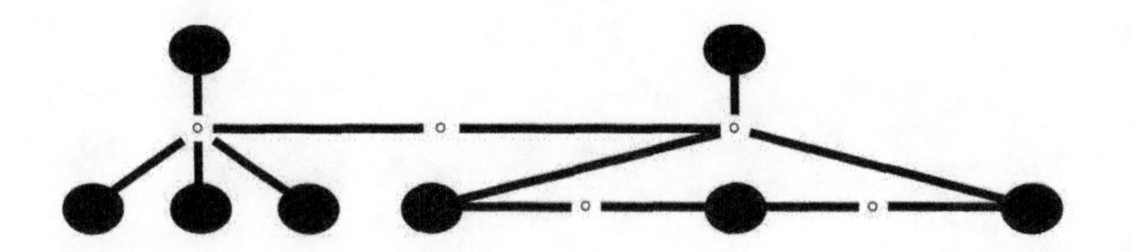

Entre le conscient et l'inconscient

L'interface

Nous l'avons dit, nous avons tous des besoins qui doivent être satisfaits.

Nous tirons cette satisfaction de notre environnement, de nos comportements, de nos capacités et de nos croyances, de tous les aspects qui composent notre Sphère d'Influence.

Quand nos besoins sont insatisfaits, une envie apparait.

Cela soulève plusieurs questions :

Qu'est-ce qui crée cette insatisfaction ?

Comment pouvons-nous savoir ce qui manque spécifiquement au besoin pour être satisfait ?

Comment l'insatisfaction du besoin crée une envie ?

Existerait-il « une interface » entre l'inconscient et le conscient qui ferait le lien entre le besoin et la Sphère d'Influence ?

Avant d'aller plus loin, nous entendons par conscient : tout, à partir du moment où on y porte attention : les battements du cœur sont inconscients jusqu'à ce qu'on y fasse attention, ils deviennent alors conscients.

Quand je fais attention à ce que je fais, j'agis consciemment.

De même pour ce que je pense, je ressens, je dis...

Un rêve auquel on ne porte pas attention reste dans l'inconscient, mais si on se réveille à ce moment et qu'on y porte attention, il devient conscient.

Maintenant, cette « interface » entre le besoin et la Sphère d'Influence, nous l'appelons : les Volontés.

Nous pouvons imaginer les Volontés comme trois poches reliées entre elles, contenues dans une couche épaisse, dont un côté se trouve dans l'inconscient des besoins et l'autre côté dans le conscient de la Sphère d'Influence, comme nous l'avons évoqué dans le préambule.

Les Volontés sont l'interface entre les besoins inconscients et la réalité consciente, comme l'estomac sert d'interface de traitement entre la nourriture et les nutriments nécessaires à la survie du corps.

Les Volontés discriminent le type d'insatisfaction du besoin : de quoi manquons-nous pour le satisfaire ?

Nous avons défini deux besoins : physiologique et psychologique, ainsi nous avons déterminé que les Volontés sont du même ordre :

Les Volontés des besoins	
Physiologique	**Psychologique**
Se protéger	Stimulation
Se nourrir	Reconnaissance
Se reposer	Structure

Comment se comportent les Volontés, changent-elles d'état et qu'est-ce qui agit sur elles ?

Comment notre Sphère d'Influence, dont nous avons conscience, peut apporter la satisfaction au besoin qui lui, est inconscient ?

Du côté inconscient, la nécessité du besoin fait changer d'état une Volonté : *mon besoin physiologique m'alerte qu'il faut que je mange et donc cette intention inconsciente va induire un changement d'état de ma Volonté de me nourrir.*

Les besoins passent par les Volontés pour s'exprimer, et celles-ci utilisent certains aspects de la Sphère d'Influence de l'individu ; la Volonté déclenche une action, un comportement, sur la réalité : *je veux me nourrir, c'est devenu conscient et ainsi je vais me mettre en quête de nourriture.*

La mécanique des états/vecteurs d'actions.

Les Volontés se présentent sous trois états :

Hypertonique : état sous pression, excité ou stressé.
Hypotonique : état en dépression, apathique ou relâché.
Isotonique : état équilibré, stable, pression égale entre le conscient et l'inconscient.

L'isotonie est un état d'équilibre entre le besoin et la Volonté qui apporte la satisfaction.

Un état hypotonique déclenche un vecteur de changement d'état hypertonique et vice versa, tels les mouvements exercés sur un drap qui serait entre nos besoins et la réalité : une action dans un sens, ou vecteur, entraîne l'état de la Volonté dans le même sens ; de la même façon que pour chauffer une casserole d'eau froide, l'action du feu fait monter la température de l'eau.

Un besoin, ou la Sphère d'Influence, ou une autre Volonté, va générer un vecteur de changement d'état qui s'applique sur une ou plusieurs Volontés et les font changer d'état.

Pour ramener une Volonté à son état d'isotonie, d'équilibre entre le conscient et l'inconscient, nous agissons sur notre Sphère d'Influence par nos comportements.

Quand nous avons faim, nous sommes en manque de nourriture, le besoin physiologique est alors en hypotonie.

Il déclenche un vecteur hypertonique sur la Volonté de se nourrir et la fait passer en hypertonie et élabore ainsi un comportement : je mange ; ce comportement se fait en conjonction avec l'Idéal : dans mon futur, je suis rassasié et je sais comment faire pour le devenir.

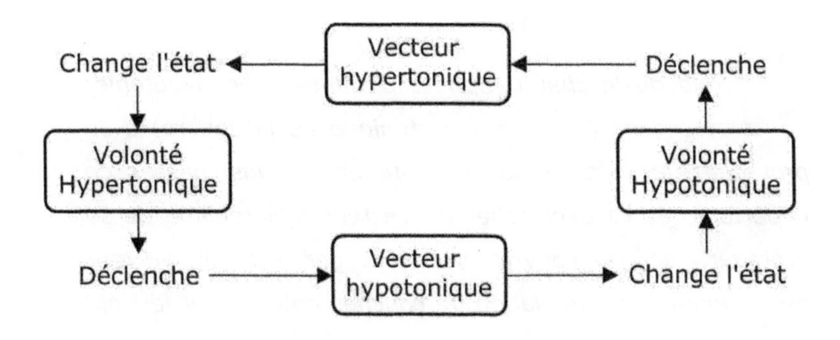

C'est ce changement d'état issu du besoin qui crée l'envie de me nourrir dans cet exemple.

En reprenant l'analogie avec le drap que nous nommerons Volonté, le besoin appuie d'un côté et la Sphère d'Influence en fait de même de son côté.

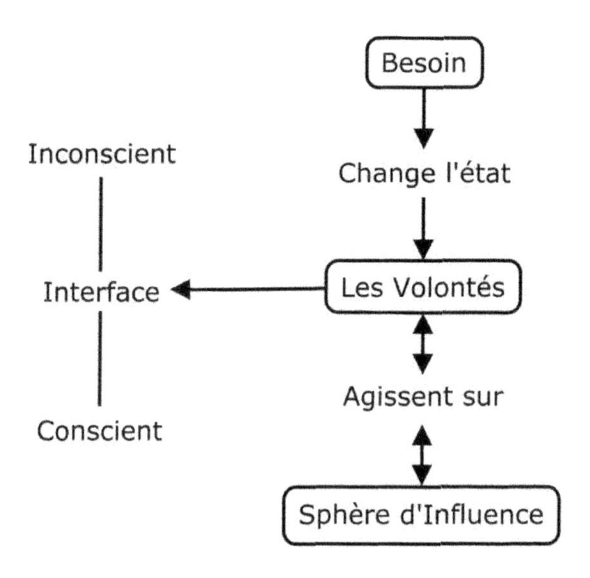

Le froid ou le chaud (Sphère d'Influence en hypotonie) pousse les gens (vecteur hypertonique de la sphère) à se protéger : la Volonté de se protéger va ainsi passer en hypertonie et va déclencher un vecteur hypotonique de se protéger, de se couvrir ; se protéger est un vecteur hypotonique d'accumulation de couches entre soi et le froid

ou le chaud, et d'autre part en me couvrant je me protège : je modifie l'état de ma réalité interne, de ma Sphère d'Influence.

Autre exemple où la Sphère d'Influence, encore l'environnement dans ce cas, influe sur l'état de ma Volonté : les bonnes odeurs de nourriture font passer ma Volonté de me nourrir en état hypertonique sans que le besoin ne soit en manque. Ce qui induit un vecteur hypotonique et le désir de s'alimenter, sans avoir faim.

Normalement, c'est l'insatisfaction du besoin qui motive l'envie or dans ce cas, il n'existe pas d'insatisfaction, donc il n'y a pas eu d'envie : quand le changement d'état de la Volonté est issu de la Sphère d'Influence et non du besoin, comme dans ce cas, il se crée un désir : dans cet exemple, c'est le désir de manger.

Le désir usurpe alors l'envie et déclenche ainsi un vecteur hypotonique de se nourrir avec comme justification, un alibi fourni par le « saboteur », ici *« ça me fait trop envie, je ne peux pas y résister… »*.

Quand ce mécanisme est fait consciemment sur autrui, nous appelons cela de la publicité ou de la manipulation : on crée artificiellement un désir, ici l'odeur de nourriture, qui se fait passer pour une envie, afin de déclencher l'achat.

D'autre part, l'état d'une Volonté se renforce si elle est déjà en hypotonie et elle revient à l'isotonie si elle est en hypertonie.

Un vecteur d'hypertonie fait passer une Volonté en hypertonie et se renforce ou s'équilibre en suivant la même logique.

Si j'ai chaud et qu'on m'impose de mettre un bonnet et une écharpe, ma Volonté étant déjà en hypertonie, cela renforce son état... et finalement, je suis en surchauffe !

Par ailleurs, le besoin inconscient passe naturellement au fil du temps d'un état isotonique à un état hypotonique : *si je ne mange pas pendant plusieurs heures, je vais avoir faim* ; ne pas manger crée un vecteur d'hypotonie qui s'applique sur le besoin et le fait changer d'état, il passe ainsi en hypotonie ; le besoin exprime le manque.

En fait, le simple fait d'être en vie, manifesté par des actions métaboliques comme les battements du cœur, la respiration, et même le clignement des paupières, sont autant de vecteurs hypotoniques qui consomment de l'énergie et donc font progressivement changer d'état le besoin physiologique.

Un comportement est issu d'un changement d'état de la Volonté ; en fait, nous sommes continuellement en train de nous comporter en fonction des changements d'état de nos Volontés.

Pour illustrer ce modèle :

Prenons le cas d'un besoin métabolique, le besoin d'oxygène : c'est aussi un besoin, mais nous ne l'avons pas pris en compte dans la description des besoins physiologique et psychologique car c'est un besoin métabolique ; il transmet ses nécessités au besoin physiologique, sous forme de vecteur hypotonique ; ce sont des besoins dont le comportement et la satisfaction sont intégrés et automatiques, des mécanismes adaptatifs nécessaires et inconscients.

Le besoin métabolique est en état hypertonique en fonction de cycles ; il a constamment besoin d'énergie.

Cependant, tous les besoins, qu'ils soient métabolique, physiologique ou psychologique, utilisent le même mécanisme ;

Notre corps a besoin d'oxygène qu'il va obtenir grâce à la respiration : nos poumons, à la fin de l'expiration sont en hypotonie, vide d'air, cet état va déclencher le vecteur hypertonique d'inspirer ou d'accumuler de l'air ; pendant l'inspiration notre corps se charge de l'oxygène dont il a besoin. À la fin de l'inspiration nos poumons sont en hypertonie et naturellement ils se vident. L'expiration est un vecteur hypotonique qui fait passer les poumons à l'hypotonie ; cet état va déclencher le vecteur hypertonique d'inspirer et le cycle de la respiration se perpétue.

Les Volontés sous influence

Les Volontés sont influençables par « amorçage » : dans ce cas l'apport d'éléments extérieurs venant de la Sphère d'Influence appuie sur les Volontés et engendre un état hypertonique : ce sont des vecteurs hypertoniques artificiels, créés volontairement pour déclencher le désir, c'est de la manipulation !

Citons des exemples d'amorçage : sentir une odeur de cuisson, nous l'avons vu, suggère inconsciemment le désir de manger, lire des mots sur la vieillesse ralentit la marche, etc.

Ou bien, recevoir des compliments « gratuits » suggère de faire soi-même des compliments en retour ; c'est une technique courante employée par les personnalités narcissiques pour obtenir de leurs victimes des signes de reconnaissance positifs.

Ou encore, la mise en avant de titres et autres diplômes suggère à un individu qu'il est en face d'une compétence indiscutable ; l'individu, de lui-même, mettra en retrait ses propres compétences ou se déclarera « incompétent »...

D'autre part, par conformation au groupe, des personnes peuvent même en arriver à changer d'avis pour acquiescer l'erreur soutenue par le groupe.

Les Volontés sont aussi influençables par des messages « subliminaux », ils induisent certains comportements recherchés et sont aussi de la manipulation.

Peu avant la campagne présidentielle de 1988, le visage du candidat et président sortant, François Mitterrand, serait apparu discrètement dans le générique du journal de la chaîne Antenne 2 (devenue France 2) ; les images furent rapidement retirées, et le procès intenté pour « manipulation électorale » fut perdu, car l'« image » durait plus d'un vingt-cinquième de seconde, ce qui excluait la qualification de subliminale.

Cette image se glisse « en douce » dans notre environnement et son exposition répétée augmente la sensation de familiarité : nous nous y habituons, elle devient connue et donc sympathique ; notre cerveau classe donc l'information comme une opportunité au moment de faire un choix (le vote).

Nous l'avons vu, la Volonté de stimulation possède son propre système d'évaluation et déclenche une réaction qui va être dans ce cas positive car manipulée : le S.E.E. l'évalue comme une opportunité.

Maintenant, qu'est-ce que les Volontés ? À quels besoins sont-elles liées ?

Entrons maintenant dans le détail des Volontés.

Les Volontés d'ordre physiologique

Ce que veut le corps

Le besoin physiologique est satisfait par les Volontés de

- Se nourrir
- Se reposer
- Se protéger.

Ces Volontés sont essentielles à la survie, elles motivent des comportements prioritaires pour l'individu.

Les Volontés, maintenues simultanément en isotonie par nos comportements, nous apportent la satisfaction, la plénitude.

Une personne qui arrive dans un nouveau lieu cherche avant tout un endroit sûr où elle pourra se reposer et trouver des sources de nourriture.

La Volonté de Se nourrir

Nous en avons déjà parlé un peu avec les exemples cités :

Quand la faim se fait sentir, cette Volonté passe en hypertonie puis, après s'être nourri, elle revient en isotonie, c'est-à-dire à satiété.

Vecteur hypotonique : s'alimenter
Vecteur hypertonique : jeûner

La Volonté de Se reposer

Quand nous sommes fatigués cette Volonté passe en hypertonie et elle revient en isotonie quand nous sommes reposés.
Vecteur hypotonique : dormir
Vecteur hypertonique : veiller, se priver de sommeil

La Volonté de Se protéger

Quand nous sommes menacés par l'environnement ou même seulement inquiets, cette Volonté passe en hypertonie et elle revient en isotonie quand nous sommes en sécurité.

Vecteur hypotonique : se mettre à l'abri
Vecteur hypertonique : s'exposer au danger, se mettre en danger

Les Volontés d'ordre psychologique

Ce que veut l'esprit

Le besoin psychologique est satisfait par l'équilibre des Volontés de :

- Stimulation
- Reconnaissance
- Structure

La définition de l'homme comme *Homo Faber* à la renaissance ou comme un animal social pour Aristote, place *Stimulation, Reconnaissance et Structure,* au cœur de l'essence profonde de l'humanité.

Ces trois Volontés sont les motivations avec lesquelles l'individu agit sur sa Sphère d'Influence ; comme nous l'avons vu, celle-ci est représentée par l'environnement, les comportements, les capacités, les croyances.

La Volonté de stimulation

Nous sommes pourvu d'un système sensoriel : visuel, auditif, kinesthésique, olfactif et gustatif.

Il y a une nécessité physique pour notre cerveau de vérifier qu'il est en contact avec son environnement ; les canaux de stimulation doivent rester sollicités et fonctionnels, de la même façon qu'une voiture a besoin de rouler pour rester fonctionnelle.

Si on prive une personne de tout contact avec son environnement, comme dans un caisson de privation sensorielle, le cerveau a une telle nécessité de stimulation qu'il va, au bout d'un certain temps, s'auto-stimuler au travers d'hallucinations.

À un degré moindre, l'hypotonie de la Volonté de stimulation entraine l'ennui et une baisse de vitalité : tout l'environnement perd de son intérêt.

Vecteur hypotonique : Méditation, ne rien faire, s'ennuyer…
Vecteur hypertonique : se distraire, apprendre, faire du sport, rapports sexuels…

L'arrêt de la Volonté de stimulation est le syndrome de Perte d'Auto-activation Psychique, ou syndrome de P.A.P.

Les patients atteints du syndrome de P.A.P. perdent toute initiative personnelle ; laissés à eux-mêmes, ils s'arrêtent d'agir et même de penser ; ces hommes et ces femmes pleins d'entrain avant leur maladie plongent brutalement dans un état d'apathie et d'inactivité.

Hypotonie de la Volonté de stimulation :

En 1970 en Roumanie, Ceausescu a ouvert des centaines d'orphelinats où les enfants étaient privés de tendresse, ils n'étaient jamais câlinés (pas de stimulation kinesthésique), ils ne sortaient jamais (très peu de stimulation visuelle et auditive), ils étaient malnutris (très peu de stimulation olfactive et gustative, outre le manque de nourriture).

Ils ont maintenant le regard triste et vide, et surtout de graves séquelles mentales ou physiques devenues irréversibles.

Un autre exemple : les tortures des prisonniers de Guantanamo consistaient, entre autres, à leur faire porter cagoules et bouchons d'oreilles : la plupart des prisonniers exposés à ce traitement, au bout de 48 heures, se sont mis à manifester des symptômes schizophréniques.

Hypertonie de la Volonté de stimulation :

À l'opposé, une hypertonie de la Volonté de stimulation provoque aussi de graves problèmes :

À l'heure actuelle des recherches sont menées sur les conséquences de la sur-stimulation visuelle et sonore par la surexposition aux écrans pour les tout-petits entre 0 et 3 ans : leurs cerveaux sont captivés par la brillance et la succession des images, ils ne construisent plus certaines connexions, et ces petits, fascinés par cette sur-stimulation visuelle, arrêtent tous les autres apprentissages, ils ignorent les autres.

L'hypertonie de la Volonté de stimulation mène à la saturation, l'individu ne peut composer avec une surabondance de stimuli ou une surabondance d'un certain type de stimulation : il entre alors dans un état d'épuisement intellectuel.

Si vous êtes submergé toute la journée d'informations, vous allez, épuisé, demander du répit !

Il y a aussi des recherches en neurosciences où l'on provoque une sur-stimulation par des sons répétés ou par des paroles constantes, dans le cas de l'hypnose : la Volonté s'épuise, la personne perd pied, ne sait plus où elle est, ne perçoit plus son environnement.

L'hypno-thérapeute se substitue aux stimuli pour modifier les comportements et routines, sans passer par l'expérience et les progrès : on voit clairement où se situe son action.

Il semblerait que la Volonté de stimulation puisse être directement réactive aux brusques variations de l'environnement et ceci indépendamment de l'évaluation du S.E.E. : selon différentes études, la peur des serpents et des araignées est inscrite dans notre ADN et la simple vue de ces animaux provoque une réaction instinctive de fuite/combat (fight or flight).

Ces "raccourcis" ne sont empruntés que dans des cas "d'urgence", quand la personne se sent agressée à tort ou à raison.

Il ne faut pas confondre la peur d'un serpent, une araignée, un feu... un danger provenant de l'environnement, avec la peur crée par une hypertonie de la Volonté de « se protéger » qui elle, donne la sensation de ne pas se sentir en sécurité alors qu'il n'y a pas de réel danger :

Les crises d'angoisse par exemple sont le résultat de cette hypertonie de la Volonté de « Se protéger » : la personne se sent en danger mais est incapable de définir la nature même de la menace.

La drogue, l'alcool ou les médicaments sont des moyens « faciles » de réguler les stimulations… Il y a bien sûr d'autres moyens d'y arriver !

Pour que la Volonté revienne à l'isotonie, nous choisirons un environnement et des comportements plus ou moins stimulants en fonction de la nature du vecteur (hypo ou hypertonique).

La Volonté de reconnaissance

Le dénominateur commun à tout acte de reconnaissance, c'est quand l'individu se sent reconnu, que sa présence est remarquée et qu'il obtient un retour sur ses comportements.

Vecteur hypotonique : recevoir de la reconnaissance inconditionnellement.
Vecteur hypertonique : recevoir sous condition de la reconnaissance.

Les fabricants de jeux vidéo ont su exploiter ce fait : ils ont rajouté l'effet « waouh » dans leurs jeux : quand l'enfant réussit, un petit bonhomme danse, des étoiles s'allument…

Facebook joue aussi avec ce principe : on envoie des « like » en réponse, pour dire qu'on aime, il y a en plus un « ding » quand la notification arrive et les personnes deviennent addictes au « ding » : c'est le petit shoot de reconnaissance qui fait du bien, il provoque une libération de dopamine.

La Volonté reçoit inconditionnellement de la reconnaissance de l'extérieur : tant que quelqu'un me dit que *« c'est bien »* ou *« c'est mal »*, quelle qu'en soit la nature ou l'origine, c'est de la reconnaissance acceptée par la Volonté.

La reconnaissance est prise telle quelle, indépendamment de sa provenance :

Si par exemple quelqu'un a envie de maigrir pour satisfaire sa Volonté hypotonique de reconnaissance, le vecteur hypertonique issu de cet état se traduit par une « condition » à la reconnaissance reçue : « comme maintenant j'ai minci, je suis regardable » (c'est un exemple, il y a souvent plusieurs Volontés qui entrent en jeu !).

Il suffit que la Volonté soit satisfaite dans d'autres circonstances ou par d'autres « conditions », le fait de recevoir de la reconnaissance pour un bon travail ou de la part de l'entourage, pour que l'envie de maigrir commence à perdre de son intérêt avant de finir par disparaître.

Hypertonie de la Volonté de reconnaissance :

Quand la Volonté de reconnaissance est en hypertonie, elle est alors « en demande inconditionnelle » ; ceci amène des stratégies manipulatrices et des comportements narcissiques : parce que la fin justifie les moyens, les personnes en demande de reconnaissance feront tout pour en obtenir ; on a faim de reconnaissance de la même façon qu'on a faim de nourriture.

Un enfant qui hurle est en hypertonie de reconnaissance, en demande : il vaut mieux être reconnu négativement que pas du tout, donc il préfère hurler et se faire gronder, que ne pas se faire remarquer.

Une personne narcissique est une personne dont la Volonté de reconnaissance est en hypertonie chronique : elle a été survalorisée dans tout ce qu'elle a fait, ses besoins physiologique et psychologique n'ont jamais été frustré, elle n'a jamais attendu, elle pense qu'elle est parfaite : *« Pourquoi évoluer quand on se sait parfait ? ».*

Elle ne se remet pas en question ; tout le monde est à son service pour servir ses Volontés, le monde tourne autour d'elle.

Elle va développer des croyances amenant des permissions et limitations pour arriver à ses fins égoïstes : « *je t'interdis de ..., je t'autorise à...* ».

Un des symptômes du narcissisme est que la personne veut que les gens autour d'elle se comportent avec son consentement.

Il n'y a pas de proaction, pas d'éthique personnelle.

Toute son individualité est envahie par ce « je suis parfaite », elle n'a plus de code d'éthique.

Son seul Idéal est que le monde soit à son service.

Hypotonie de la Volonté de reconnaissance :

Une hypotonie de la Volonté de reconnaissance provoque des comportements auto-dévaluants : *« je ne le mérite pas »* ; la réception de la reconnaissance est conditionnée par l'estime qu'on a de soi-même et il y a alors une gestion « sous condition » de l'acceptation : plus l'estime de soi est faible, plus on conditionne l'acceptation de la gratitude et vice versa.

Si je reçois de la reconnaissance sans rien avoir fait pour la mériter, par exemple quand je débute un travail dans une nouvelle entreprise, ma Volonté de reconnaissance passe

- *soit en état hypotonique et dans ce cas j'aurai tendance à accorder mes comportements et mes compétences pour mériter cette reconnaissance, c'est-à-dire, à donner mon 110%,*

- Soit se renforcer dans l'état hypertonique si la personne est déjà en demande de reconnaissance comme pour le narcissique.

Lien entre la reconnaissance et l'estime de soi :

Ne pas recevoir de reconnaissance du tout, fait passer la Volonté de reconnaissance soit en hypotonie, soit en hypertonie, en fonction du niveau d'estime de soi.

Quand on est en hypotonie de la Volonté de reconnaissance du fait d'une faible estime de soi, on a tendance à en faire le moins possible *« à quoi bon, quoique je fasse, je ne vaux rien »*, on subit les évènements extérieurs, on laisse place aux réactions.

Les capacités ne sont pas reconnues, la personne trouvera des stratagèmes, des prétextes et alibis au lieu d'être proactif :

Une personne avec des capacités moyennes en math, si ses résultats ne sont pas reconnus, risque d'adopter un comportement défaitiste, de ne plus utiliser ses capacités et elle n'essaiera même plus de réfléchir, ce qui va aller de mal en pis ; elle se trouvera des prétextes pour ne pas chercher « de toutes manières, même en travaillant je n'ai pas de bons résultats... », et « je ne suis pas capable » s'il y a un saboteur.

Une faible estime de soi entraine une hypotonie de la Volonté de reconnaissance et vice versa : par exemple, si *« je ne vaux rien »*, alors *« je ne mérite pas la reconnaissance qu'on me donne »*, ou bien à l'inverse une hypertonie de reconnaissance entraine un excès d'estime de soi et vice versa : *« je le vaux bien »*, alors *« je mérite bien plus que ça ! ».*

Seuls des comportements proactifs, qui utilisent efficacement les capacités, dans un environnement reconnaissant la valeur des actions entreprises par l'individu, offrent la possibilité d'une meilleure estime de soi.

D'autre part, on obtient de la reconnaissance, ou on en donne, du fait de nos comportements et de nos capacités.

L'un ou l'autre des états de la Volonté de reconnaissance, hypo ou hypertonique, entraine un déséquilibre majeur au sein des Volontés.

En effet cette Volonté tient un rôle central dans l'équilibre de toutes les Volontés : nos comportements et nos capacités sont aussi reliés aux Volontés de stimulation et de structure.

La Volonté de structure

C'est agir en fonction d'un savoir : un savoir est toujours structurant ; on a une Volonté de se comporter suivant un savoir (savoir appris = compétences, ou savoir admis = croyances).

Sans connaissance, l'activité humaine ne pourrait se faire.

Nous avons besoin de repères spatio-temporels dans lesquels nous pouvons inscrire toutes nos actions et les rendre cohérentes avec ce que nous savons ou ce que nous croyons savoir.

Nous passons la majeure partie de notre temps à suivre une structure, à nous comporter en suivant nos connaissances ou nos croyances.

Il y a une recherche d'efficacité dans la Volonté de structure par l'utilisation d'une connaissance.

Apprendre de ses erreurs est une compétence.

Vecteur hypotonique : improviser, créativité
Vecteur hypertonique : s'organiser, recherche de maitrise

Le matin, une personne va prendre sa douche au lever pour se réveiller et bien commencer sa journée.

Elle cherchera le chemin le plus rapide pour arriver à l'heure sur son lieu de travail.

Elle commencera sa journée de travail par ouvrir ses mails pour s'informer des nouveautés et pouvoir déterminer les priorités de sa journée.

Elle structure son temps pour lui donner du sens et ainsi réduire les aléas.

De plus, elle structure aussi son espace dans le même but : quand elle emménage quelque part, elle va déterminer en premier où elle va mettre son lit, sa cuisinière, sa table.

Sur son bureau elle a ses dossiers, son ordinateur et ses stylos.

En montagne pour bivouaquer elle va chercher un lieu adéquat pour son couchage...

Ainsi, elle a structurée son temps et son espace en fonction de ses connaissances, pour une meilleure efficacité de gestion de son temps.

Or, une méconnaissance laisse la place au « saboteur »... Nous l'avons vu, issu de l'enfance, cet apprentissage archaïque perdure.

Hypotonie de la Volonté de structure :

Un savoir altéré par un saboteur, amène la personne à douter de ses capacités et à se référer à ses croyances, à sa morale : elle va se trouver des prétextes, des alibis, être « de mauvaise foi », pour justifier son comportement ; elle peut aussi provoquer le conflit : c'est un prétexte pour se sortir d'un cadre et se comporter d'une façon égoïste.

Quand la structure est faible, envahie par l'ignorance, le « saboteur » se renforce et quand le « saboteur » est fort, la structure s'affaiblit.

Donc qui déclenche quoi ? C'est la question de l'œuf et la poule ! Qui vient en premier ?

Cette question reste sans réponse dans l'état actuel des recherches sur le sujet : pour y répondre, il faudrait expérimentalement provoquer de tels travers mentaux chez des participants, que ce ne serait évidemment guère conforme à l'éthique.

Malgré cela, des personnes qui ont appris au terme d'un entraînement spécifique à maîtriser leurs pièges cognitifs, sauront mieux juguler leur stress et oseront davantage s'attaquer à la résolution de problèmes complexes ; elles seront plus satisfaites des conséquences de leurs comportements.

Elles sont ainsi sorties de leur croyance pour gagner en compétence.

Un manque extrême de structure est du déni, un refus de toute connaissance ; on peut faire « n'importe quoi », cela entraine un comportement délinquant.

Hypertonie de la Volonté de structure :

À l'inverse, l'excès de structure est limitant : il mène à la rigidité et à un état de passivité ; on ne peut pas agir, il n'y a aucune place pour l'initiative, l'adaptation, le changement de programme.

Quand tout est trop structuré dans votre journée ou dans votre semaine, vous n'avez plus la souplesse nécessaire pour vous adapter : comment caser un rendez-vous suite à une rencontre inattendue dans un emploi du temps trop strict ?

Quand il y a un excès de structure, on croit qu'on sait tout : être trop sûr de son savoir amène une attitude arrogante et élitiste.

« L'imagination est plus importante que la connaissance ».

Albert Einstein

La Sphère d'Influence et les Volontés

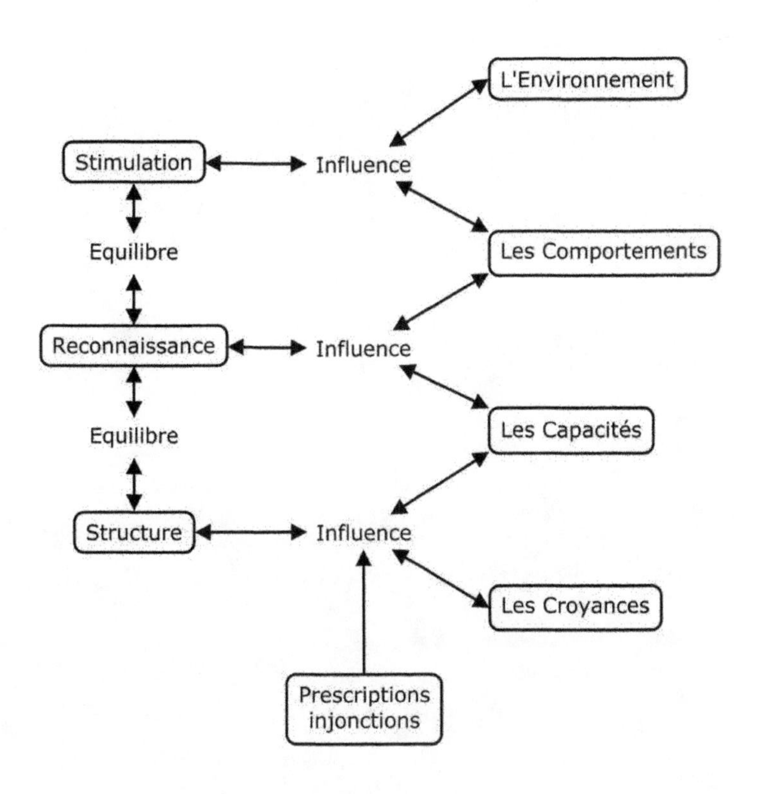

Tableau récapitulatif

Les états des différentes Volontés, hypo et hypertonie, ainsi que les états en excès et en carence qui sont des troubles comportementaux, sont décrits concrètement dans le tableau suivant :

		Volontés		
		Se protéger	**Se nourrir**	**Se reposer**
États	**Carence**	Témérité	Anorexie	Insomnie
	Hypotonie	S'exposer au danger	Manque d'appétit	Hypo sommeil, veille
	Isotonie	S'abriter	Manger à satiété	Dormir, récupérer
	Hypertonie	Timidité, anxiété	Avoir de l'appétit	Fatigue, baisse de tonus
	Excès	Phobie sociale	Boulimie, hyperphagie	Hypersomnie, narcolepsie

		Stimulation	**Reconnaissance**	**Structure**
États	**Carence**	Hallucinations	Dépression	Délinquance, antisocial
	Hypotonie	Ennui	Auto-dévaluation, réception conditionnelle	Doutes, sabotage
	Isotonie	Satisfaction générale	Bonne estime de soi	Être organisé, réfléchi
	Hypertonie	Hyperactivité, dispersion	En demande inconditionnelle	Rigidité, intolérance
	Excès	Stress, crise émotionnelle	Agressivité, Arrogance	Transgression, au-dessus des lois

Comme nous l'avons vu, l'isotonie de chaque Volonté correspond bien à un état de satisfaction ; l'hypotonie de chacune correspond à un état de manque et l'hypertonie correspond à un état excité ; les excès et les carences correspondent à un état bloqué.

Le fonctionnement des Volontés

Contrairement au besoin physiologique pour lequel chaque Volonté doit être comblée indépendamment l'une de l'autre, selon un système binaire de tout ou rien, le besoin psychologique trouve sa satisfaction dans un équilibre des Volontés qui suit le principe des vases communicants.

En effet, comme nous l'avons vu, les Volontés peuvent être chacune dans un état d'hypotonie, d'isotonie ou d'hypertonie.

L'ensemble des Volontés, étant une interface entre le conscient et l'inconscient, elles assurent le bon fonctionnement entre ces deux milieux.

Pour se faire, elles changent d'état les unes par rapport aux autres : soit toutes les Volontés sont dans le même état (toutes en isotonie, toutes en hypertonie ou toutes en hypotonie), soit une Volonté en hypertonie équilibre une autre Volonté qui, elle, est en hypotonie.

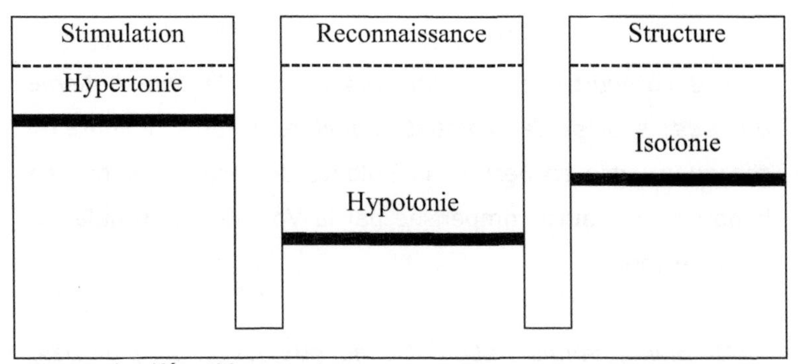

Exemple d'équilibre tonique

Le phénomène « d'hibernation » ou d'hypotonie globale des Volontés est un exemple où toutes les Volontés sont en hypotonie : cet état a été expérimenté par les membres de la station Antarctique Concordia du fait de la monotonie de leur environnement.

Dans le cas où toutes les Volontés sont dans le même état, nous avons une satisfaction naturelle du besoin.

Un autre exemple, le recours à l'utilisation de drogues ou d'alcool a pour effet de passer en hypotonie les Volontés de stimulation, de reconnaissance et de structure, équilibrant ainsi toutes les Volontés.

Évidemment, l'utilisation de drogues et d'alcool, ainsi que les cognitions dysfonctionnelles détériorent l'estime de soi.

Pour illustrer un équilibre entre une Volonté en hypertonie et une autre Volonté en hypotonie, voici quelques exemples :

Des comportements stimulants comme le parachutisme ou des sports de combat équilibrent une Volonté de reconnaissance en berne : la Volonté de reconnaissance en hypotonie est ainsi compensée par la Volonté de stimulation en hypertonie.

Ou bien si je fais un boulot ennuyeux qui ne me plaît pas, avec des gens que je n'aime pas, dans un lieu qui ne me convient pas (hypotonie de stimulation), je vais chercher de la reconnaissance en m'occupant d'une association caritative par exemple ou en essayant d'être excellent sur une autre activité (hypertonie de reconnaissance).

Quand les Volontés d'un besoin sont en équilibre compensé, nous avons alors une satisfaction tonique du besoin ; cette compensation des Volontés ne peut durer qu'un temps : l'équilibre tonique ne va pas durer éternellement, il faudra alors que la personne se tourne vers la vraie raison du déséquilibre et opère les changements nécessaires pour équilibrer ses Volontés et ainsi satisfaire son besoin.

Quand les Volontés ne se compensent plus entre elles, elles restent en situation de blocage, c'est par exemple le cas du burn-out :

Dans un milieu indifférent, sans recevoir le moindre signe de reconnaissance, la Volonté de reconnaissance de la personne oscille entre l'hypotonie et l'hypertonie : elle passe en hypertonie par la demande du besoin associée à des messages du saboteur « sois fort ! » puis en hypotonie par les conséquences d'une faible estime de soi, plus un message « je ne vaux rien, je ne mérite pas de reconnaissance ».

Cette oscillation éprouve les mécanismes compensatoires : d'une part, la Volonté de reconnaissance reste en hypotonie et d'autre part les autres Volontés, qui ont pu compenser auparavant, ne peuvent plus le faire : la compensation ne se fait plus du fait de l'épuisement général de toutes les Volontés, le mécanisme est bloqué.

L'individu se sent détaché de son environnement : il ne comprend plus sa place au sein de l'entreprise ni le but de ses actions, il ne peut plus travailler ; le premier pas vers le burn-out, c'est l'indifférence qui est portée à la personne.

Il existe des états dysfonctionnels où toutes les Volontés psychologiques sont par exemple en excès, ou au contraire en carence :

Une demande chronique de reconnaissance (la Volonté de reconnaissance est bloquée en hypertonie) qui caractérise le narcissisme, entraine une estime de soi démesurée « je suis plus fort, meilleur que les autres » : dans ce cas de dysfonctionnement, il s'ensuit une hypertonie de structure, les croyances compensent le manque de connaissance, et il s'ensuit aussi une hypertonie de stimulation avec une recherche de sensations fortes.

Et la schizophrénie ? Ne serait-elle pas due à une hypotonie chronique de la Volonté de stimulation puisque la personne a des hallucinations comme si elle était dans un caisson d'isolation sensorielle sans aucune stimulation... Sans y être ? Et les autre Volontés suivent : dépressif car la Volonté de reconnaissance est en hypotonie et la Volonté de structure est en hypotonie grave avec des croyances délirantes... Question ouverte !

À contrario, satisfaire nos Volontés, et donc nos besoins, a pour effet une libération de dopamine, de sérotonine et d'endorphines qui nous donne un sentiment de bien-être et de plaisir.

Le bien-être n'est atteint qu'à travers la satisfaction des Volontés en équilibre naturel (non tonique) ; on peut alors parler de joie.

Si les Volontés psychologiques ne peuvent plus se compenser entre elles et que le besoin psychologique reste par conséquent insatisfait, ce besoin psychologique va chercher à établir un équilibre psychosomatique par compensation, en faisant varier les états des Volontés physiologiques :

Si la Volonté de stimulation est en hypertonie par une utilisation exagérée des écrans et que les Volontés de reconnaissance et de structure ne peuvent passer en hypotonie pour compenser (parce qu'elles sont satisfaites par d'autres sources), le besoin psychologique, par un vecteur hypotonique, fera passer, entre autres, la Volonté physiologique de se reposer en hypotonie provoquant ainsi des difficultés de sommeil.

L'équilibre psychosomatique des Volontés

Il permet d'équilibrer de façon globale les Volontés des besoins psychologiques et physiologiques.

Il existe un équilibre psychosomatique compensatoire des Volontés du besoin psychologique vers celles du besoin physiologique ; c'est le corps qui est sollicité pour compenser.

Si l'insatisfaction psychologique perdure, l'équilibre psychosomatique entre en jeu et fait passer une ou plusieurs Volontés physiologiques en hyper ou en hypotonie :

Si je suis avec des personnes qui me critiquent sans arrêt, mon estime de moi est alors dégradée et ma Volonté de reconnaissance tombe donc en hypotonie ; de cet état, un vecteur hypertonique se crée.

Si je ne peux pas être dans un environnement plus stimulant, ni me sur-structurer parce que par exemple je suis à l'école, pour compenser ce déséquilibre, un équilibre psychosomatique va appliquer ce vecteur hypertonique sur la Volonté de me nourrir qui passe ainsi en hypertonie.

Ceci déclenche un vecteur hypotonique qui se traduit par le comportement de m'alimenter sans en avoir besoin : c'est la boulimie…

Quand les Volontés physiologiques sont dans un état chronique d'hypo ou d'hypertonie, c'est la caractéristique qu'un équilibre compensatoire psychosomatique est présent.

Il suffit de trouver un équilibre naturel (de préférence), ou tonique entre les Volontés psychologiques pour que la compensation psychosomatique disparaisse.

La dynamique

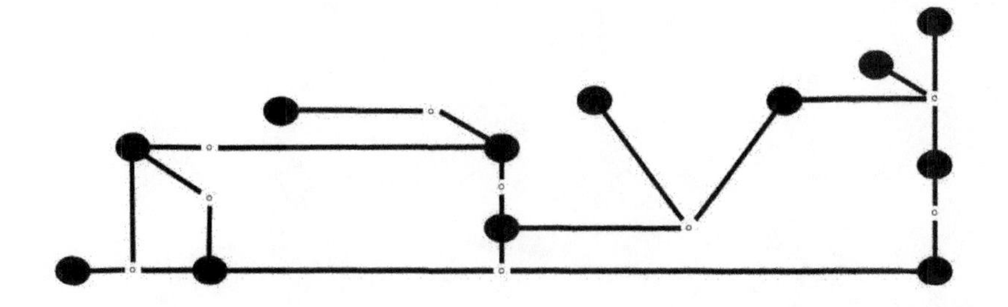

Métro-Boulot-Dodo

La satisfaction « par défaut » des besoins

Y a-t-il une satisfaction à accomplir les mêmes routines jour après jour ?

Comment expliquer que tant de gens répètent les mêmes comportements avec régularité et constance ?

Pourquoi des millions de personnes pratiquent le « métro-boulot-dodo » ?

Nous savons déjà que ce sont les opportunités de l'environnement et les comportements routiniers inscrits dans une séquence d'habitudes, qui sont les principales sources de satisfaction des besoins.

En effet, l'individu se crée un environnement personnel d'opportunités qui est à même de répondre d'une part à ses besoins physiologiques : un toit sur sa tête pour se protéger, un couchage pour se reposer, de l'alimentation à proximité pour se nourrir, et d'autre part répondre à ses besoins psychologiques : un équipement multimédia pour se distraire et se stimuler, un environnement suffisamment reconnaissant et une bonne utilisation de l'information qui structure le temps et l'espace.

Le « métro-boulot-dodo » répond à cette logique : le métro, c'est la routine, le boulot, c'est avoir de l'argent pour maintenir tout ça et de la reconnaissance, et le dodo est indispensable ! Et c'est reparti !

Cela donne un sens aux comportements, offrant ainsi satisfaction à ses besoins.

Voici un tableau idyllique de la satisfaction des besoins par l'équilibre des Volontés.

Pourtant, la réalité est tout autre : il existe un revers plus sombre au « métro-boulot-dodo ».

Un sondage publié en Suisse, établit que 64 % des salariés français (les managers aussi) déclarent venir au travail chaque matin avec une peur au ventre !

La peur du supérieur hiérarchique, la peur du client ou du fournisseur, la peur du représentant syndical ou du DRH... La peur de perdre en un instant les moyens de maintenir tout ce qu'on a bâti pour satisfaire ses besoins, la peur utilisée comme un outil de management pour contraindre l'employé à l'obéissance, la peur de ne pas être conforme aux caprices psychopathes d'un supérieur hiérarchique aux antipodes de la vision de la société qui l'emploie.

Et pourtant la majeure partie des travailleurs continue le « métro-boulot-dodo » avec diligence. Pourquoi ?

Ce pourrait-il que le « saboteur » soit en action, brandissant la menace de perdre tout ce qui a été bâti si l'on décide d'arrêter de venir au travail et de choisir une autre orientation par exemple ?

Peut-être « le saboteur » commande-t-il *« d'être plus fort ! »* ou *« d'être parfait ! »*, quitte à s'épuiser à essayer d'atteindre des objectifs délirants fixés par une hiérarchie narcissique impossible à satisfaire ?

Que dire de la télévision qui propose des programmes de plus en plus spectaculaires et stimulants, où l'humiliation, l'ignorance et le ridicule sont mis en scène pour « compenser » et justifier les comportements de plus en plus inhumains que bon nombre de personnes subissent sur leurs lieux de travail ? Un bon nombre d'entre elles disent qu'elles regardent ce genre de spectacle *« pour se vider la tête »* : la question serait *« se vider la tête de quoi ? »*.

Est-ce que ces programmes télévisuels mettant en scène la violence (États Unis), la torture (Japon) et l'humiliation (France), n'existent que pour banaliser et normaliser la réalité de ceux qui regardent ces émissions ? Il serait alors normal de subir et il serait aussi normal de se soumettre. On n'est pas loin de « 1984 » de George Orwell !

Ainsi le « métro-boulot-dodo », se comprend. Et ce n'est pas le « métro-boulot-dodo » qui est toxique, qui nous plongerait dans le mal être, mais bien l'environnement.

Ce ne sont pas les boulots en eux-mêmes qui sont dommageables, mais bien les comportements déviants d'individus, qui causent les souffrances réelles, les maladies, voire le suicide.

Il y a malheureusement assez d'exemples de harcèlement au travail, ou simplement de pressions constantes au travail, pour étayer ce fait :

Alors que 1 à 4% de la population mondiale est considérée comme psychopathe (L'enquête a été conduite par l'Université de Bond, aux États-Unis et a été présentée le 14 septembre 2016 au congrès annuel de la Société australienne de psychologie), c'est 21 % des patrons américains qui pourraient être classés dans cette catégorie selon une étude américaine réalisée auprès de 261 employeurs et révélée par La Tribune ; c'est la même proportion qu'on retrouve dans la population carcérale américaine selon la même source.

Les psychopathes peuvent apparaître comme des candidats parfaits pour les postes de direction, montrant en abondance charme, charisme et intelligence ; ils ont une capacité sans pareille à mentir et à manipuler.

Seul des psychopathes peuvent assumer de tenir jusqu'au bout les rênes d'un système brutal et inhumain.

Il apparaît donc que le « métro-boulot-dodo » ne fonctionne qu'un temps, plus ou moins long suivant les individus : certains pourront rester toute une carrière sur le même lieu de travail et, combiné avec leur vie personnelle, y trouveront un équilibre de leurs besoins, ils auront une vie satisfaisante pour eux, comme nous venons de le voir ; pour d'autres, ils maintiendront cet équilibre avec l'aide du « saboteur » : ils pourront continuer ainsi, même s'ils ne sont pas heureux de ce qu'ils vivent.

Pour d'autres encore, le changement s'avère nécessaire car ils n'y trouvent pas de satisfaction à leurs besoins.

Combien ont choisi le confort douillet de la sécurité et des habitudes *« on n'est pas malheureux »,* et ont laissé tomber leurs rêves ?

Imaginer-Y aller-Créer

Comment faire autrement ?

Métro-boulot-dodo, c'est le plan « A » pour satisfaire ses besoins et cela convient à la majeure partie d'entre nous. Est-ce que nous changerions une formule gagnante qui nous satisfait ? Non ! Sauf si la lassitude s'installe ou bien si un incident intervient.

La lassitude est un abattement mêlé d'ennui et de découragement, une hypotonie de stimulation et de reconnaissance ; l'environnement ne nous stimule plus comme avant, nous mettions beaucoup d'espoir de croissance dans un travail dans lequel, maintenant, nous stagnons.

En fait la lassitude s'installe quand, sans pouvoir rétorquer, nous encaissons toutes ces « micro-agressions » quotidiennes : se faire bousculer dans le métro, encaisser sans rien dire des quolibets de son supérieur au travail, rentrer chez soi et être la cible de critiques puis finalement s'échapper dans le sommeil, quitte à le provoquer par toute la pharmacopée légale ou illégale que nous avons à notre disposition.

Nous nous accrochons à la structure de nos habitudes en remplaçant notre liberté de manœuvre par le cadre rassurant de comportements maintes fois exécutés.

Il y a quelque chose de rassurant dans *« On a toujours fait comme ça »* ; nous passons doucement en mode automatique ; on s'accoutume, on *« fait avec »* et à force de prendre pour normales des situations anormales, toutes ces situations anormales deviennent notre quotidien ; nous l'avons vu avec la télévision et ses programmes violents et humiliants qui y contribuent ; les informations en rajoutent aussi en exacerbant nos peurs : il faut *« faire avec »* car sinon on va se retrouver sans travail comme ces personnes interviewées...

Et cela peut durer jusqu'à la mort ou jusqu'à « l'incident ».

L'incident

C'est l'histoire d'un homme qui tombe d'un immeuble de 50 étages. Le mec, au fur et à mesure de sa chute, il se répète sans cesse pour se rassurer : « Jusqu'ici tout va bien... Jusqu'ici tout va bien... Jusqu'ici tout va bien. » Mais l'important, ce n'est pas la chute. C'est l'atterrissage.

Hubert, La Haine.

Le système « métro-boulot-dodo » dépend d'un travail rémunéré : le plan « A », je travaille, je reçois de l'argent. Quand on perd sa source de revenu, c'est l'incident.

Quand on voit à la télévision ces travailleurs en larmes parce qu'ils ont perdu un emploi au bout de dix, vingt, voire trente ans de bons et loyaux services, qu'est-ce qu'on se dit ? Qu'on a de la chance de ne pas vivre ça ? *« Plutôt eux que moi... »* ? Ça sonne comme un avertissement pour que le lendemain on redouble d'effort afin de ne pas en arriver là, en se répétant qu'on ne va pas *« lâcher la proie pour l'ombre »*, car il serait fou qu'on abandonne quelque chose de réel pour quelque chose d'incertain, n'est-ce pas ?

Nous ne nous projetons alors pas dans un « Idéal » ; mais il est vrai qu'il est difficile de voir les opportunités quand on ne voit que les contraintes d'un environnement qui nous pousse à la réaction, nous l'avons vu !

Mais un jour, l'incident arrive. Telle une sentence, il brise notre routine, notre « métro-boulot-dodo », et c'est tellement violent que les larmes et le désespoir ne se cachent plus.

Quand un marin part autour du monde à la voile, il n'oublie pas son canot de sauvetage, au cas où...

S'appuyant sur leur activité actuelle, nombreux sont ceux qui se projettent dans un « Idéal » sur la base qu'absolument rien ne leur arrivera.

Ils embarquent sur le voilier « métro-boulot-dodo » pour naviguer sur les océans de la vie, sans canot de sauvetage.

Imaginer un plan « B » ne remet pas en cause votre loyauté ou votre diligence envers votre employeur actuel, c'est au cas où...pour parer à l'inimaginable.

Et contrairement à ce qu'on peut entendre parfois, un plan B est une assurance « anti-stress » ! Il ne s'agit pas de ne pas s'investir entièrement dans le plan « A » : avoir un plan « B » ne vous démotivera pas à vouloir réussir votre plan « A » ; par contre, ne pas avoir de plan « B », c'est faire les choses avec la « rage du désespoir ».

En fait c'est un plan « A » pour Action ou Actuel, « B » pour Backup ou Bouclier, « C » pour Contingence dans le pire des cas.

Rien ne nous empêche de nous poser la question *« Si ça ne marche pas, qu'est-ce que je fais ? ».*

Si nous prenons un peu de recul, dans une vie qui glisse doucement dans la lassitude, si nous avons un plan « B », l'incident est peut-être la meilleure chose qui puisse arriver.

Qu'avez laissé tomber en prenant ce travail qui ne vous satisfait plus ? Qu'avez-vous oublié sur le long fleuve tranquille de la sécurité ? Vous souvenez-vous de vos passions ?

Si c'est le manque d'argent qui vous effraie, il n'est que le résultat de votre activité, de vos comportements : il n'y a aucune activité dont on ne puisse tirer un revenu !

Quelle que soit votre activité, vous pourrez toujours en tirer un salaire.

La personne qui a inventé le fil à couper le beurre n'a pas inventé le beurre, ni le fil de fer, ni même les poignets en bois et pourtant...

Les inventeurs du jeu « trivial pursuit » sont quatre chômeurs canadiens, piliers de bar, qui aimaient jouer avec un dictionnaire devant une bière...

Un plan « B » n'est pas une stratégie de sauvegarde pour continuer à être insatisfait, c'est plutôt un passeport pour une liberté en devenir, pour retrouver tout ce qui vous stimule, pour vous redonner la fierté d'être au volant de votre vie.

Alors, imaginez un plan « B » et quand votre routine ne vous satisfera plus, allez-y !

Créez de nouveaux comportements, une nouvelle routine que, sans cesse vous améliorerez pour votre plus grande satisfaction ; votre estime de vous en sortira encore plus forte !

Conclusion

Et pour finir…

Nous voici donc arrivé à la fin de cette exploration des comportements.

Nous avons vu qu'il n'existe pas de hiérarchie dans nos motivations, mais au contraire, il existe de multiples équilibres et tout découle seulement de deux besoins : celui du corps et celui de l'esprit.

Certaines théories statuent que nous sommes les esclaves de nos besoins et de nos pulsions, que nous n'y pouvons rien si nous nous comportons comme ci ou comme ça ; d'autres théories vont dérouler des listes et poser des classifications et des cases dans lesquelles tout individu doit entrer et s'y retrouver ; même les horoscopes nous classifient et cela dès notre naissance !

Nous nous retrouvons pris dans des ornières qui ne sont qu'autant de justifications pour les conséquences de nos choix, pour prédéterminer nos comportements en face de telle ou telle personne : « *je suis vert, je dois me comporter comme ci avec les bleus et comme ça avec les rouges...* ».

Il n'y aurait pas de libre arbitre ni de choix et les seules fois où l'on deviendrait conscient, ce serait juste pour « réparer » les conséquences de comportements que finalement nous n'aurions même pas décidé de prendre !

Bref, nous serions en « pilote automatique » suivant la satisfaction de besoins dont nous n'aurions même pas conscience, ou aucun choix conscient ne serait possible ; quand les conséquences de nos actions se trouveraient être préjudiciables, ce même « pilote automatique » subitement déciderait de nous laisser la main pour que nous prenions conscience des « réparations » à effectuer, à « corriger » les erreurs engendrées par les errances de nos besoins !

Ne nous leurrons pas, tous les systèmes économiques s'accommodent et encouragent l'absence de libre arbitre.

Il n'y a pas de libre arbitre dans la servitude.

Si l'antonyme du libre arbitre est la fatalité, son synonyme est la Volonté.

C'est ce que 3C nous permet de comprendre : nous avons à chaque instant le libre arbitre de choisir nos comportements.

Les Volontés de stimulation, de reconnaissance et de structure nous donnent accès à ce qui se passe derrière le rideau qui nous sépare de notre inconscient ; et nos comportements, dès lors que l'on comprend que les Volontés en sont l'origine, sont issus de nos choix conscients.

En considérant ce que sont les Volontés, nos besoins deviennent des sources d'indication de ce qui nous manque, ils ne dirigent plus nos comportements ; nous faisons ce que nous voulons de ces indications, c'est le libre arbitre.

Nos comportements sont volontaires. D'ailleurs ne serait-ce pas une hypotonie de structure qui nous inciterait à faire entrer nos semblables dans un modèle compartimenté par les comportements ?

3C est à l'opposé de ces théories que nous venons d'évoquer car, dès les premières manifestations inconscientes de nos besoins, nous avons tout un panel de choix qui s'offre à nous par les dynamiques des Volontés. Est-ce un équilibre tonique à court terme que nous recherchons ou un équilibre naturel plus durable ?

3C peut être utilisée pour soi bien évidemment, pour mieux comprendre ses comportements, ses réactions, ses ruminations négatives,... mais pas seulement !

Elle peut être utilisée pour repartir sur la proaction, les progrès, retrouver sa motivation, le sens de ce que l'on fait...

Elle permet aussi de découvrir les comportements gagnants, ceux qui amènent à la réussite, au succès.

Comprendre pourquoi on fait ce qu'on fait nous met tous sur un pied d'égalité et de connaissance pour entreprendre des actions qui sont profitables pour soi et pour le bien commun.

Un acte révolutionnaire doit être évolutionnaire

3C peut être utilisée aussi pour comprendre le comportement de l'autre, ses motivations, comprendre pourquoi il réagit ou pourquoi il s'enferre dans des prétextes, pourquoi il ne saisit pas les opportunités... et donc elle permet d'écouter correctement l'autre, de pouvoir l'aider, d'aller vers une vraie relation.

3C a été conçue à partir de l'étude des comportements dans leur globalité puis dans le détail : elle permet ainsi d'établir des liens entre les différentes études, psychologiques, sociologiques ou neuroscientifiques, faites sur des sujets différents ; ainsi on peut relier entre-elles toutes ces différentes connaissances.

3C est la boite à outils du comportement.

Comprendre nos motivations et agir sur la réalité par nos comportements est l'essence même de 3C.

Qu'est-ce qui pousse une personne à avoir ce comportement si particulier ? Comment maintenir l'équilibre opérationnel d'un équipage en route pour un long voyage vers Mars ? Comment atteindre efficacement un bien-être pour soi, pour et avec les autres ? Et bien d'autres questions ...

Et pour vous, qu'est-ce que peut faire 3C ?
Pensez-y un moment ...

À suivre...

Le Groupe AULT3C est une association à but non lucratif dont la mission est de promouvoir et de développer des services de coaching pour les organisations, les groupes et les particuliers.

Rejoignez-nous sur Facebook à l'adresse :
Facebook.com/groupe.ault3c